ESSAI

SUR LA LOI

DES FAILLITES

ET DES BANQUEROUTES.

IMPRIMERIE DE H. FOURNIER,
RUE DE SEINE, N° 14.

ESSAI

SUR LA LOI

DES FAILLITES

ET DES BANQUEROUTES.

PAR A. ROULLION.

AVOCAT A LA COUR ROYALE, JUGE-DE-PAIX SUPPLÉANT.

Comme les lois inutiles affaiblissent les lois nécessaires, celles qu'on peut éluder affaiblissent la législation.

Esprit des lois, liv. XXIX, chap. 16.

PARIS,

WARÉE FRÈRES, LIBRAIRES,

RUE DE LA CALANDRE N° 19, ET AU PALAIS DE JUSTICE.

1828.

Cet écrit, sur le projet de réviser la loi des faillites, contient un examen plus spécial des dispositions générales du code, dont l'ensemble forme le système de notre législation sur les faillites et les banqueroutes.

On s'est proposé de rechercher les causes des désordres qui ont lieu dans les faillites, les moyens de les prévenir et de reconnaître en même temps l'influence du régime des faillites sur les intérêts généraux et sur l'esprit du commerce. A cet effet, on a conféré le système du code avec les principes des législations antérieures et surtout avec les règles constitutives du commerce.

Il a paru qu'un pareil rapprochement devait rendre plus sensibles les résultats du système établi par le code, qu'il pourrait aussi présenter d'utiles aperçus pour l'amélioration de la loi.

ESSAI

SUR

LA LOI DES FAILLITES

ET DES BANQUEROUTES.

La révision de la loi des faillites et des banqueroutes sera un véritable bienfait pour le commerce. Parmi les lois qui composent les diverses branches de notre législation commerciale, il n'en est aucune qui réclame de plus nombreuses et de plus importantes améliorations.

A l'époque de la rédaction du code on sortait d'une crise commerciale qui avait été suivie d'un grand nombre de banqueroutes frauduleuses. Des fortunes scandaleuses s'étaient élevées tout d'un coup, au milieu d'un désastre général; les désordres qui avaient lieu dans le commerce préoccupaient tous les esprits, et firent donner à la nouvelle loi un caractère particulier de sévérité.

Si les rédacteurs du code attendaient les plus heureux résultats, pour l'avenir, du régime plus fortement répressif qu'ils venaient d'établir, les faits n'ont malheureusement pas répondu à cette attente.

La sévérité même de la loi a été un obstacle à son exécution. L'intervention de la justice dans les faillites, surtout, ayant été jugée excessivement coûteuse et trop gênante, on a évité assez généralement cette intervention. Alors les créanciers et les faillis se sont trouvés livrés à eux-mêmes, sans protection comme sans frein. L'absence de toutes règles a produit des désordres. Les désordres ont enfanté la fraude. Les banqueroutes frauduleuses restant impunies, l'assurance ou l'espoir de l'impunité a encouragé les débiteurs de mauvaise foi et en a considérablement accru le nombre.

L'exécution de la loi, lorsqu'elle a eu lieu, n'a guère moins présenté d'inconvéniens. Malgré d'importantes améliorations, le régime qu'elle établit est encore défectueux sous plusieurs rapports. La théorie qui a tracé la marche de la faillite, qui a organisé son administration, n'a pas été suffisamment éclairée par une connaissance intime des procédés et des besoins particuliers du commerce. Quoiqu'il repose sur des principes justes et salutaires, le système entier de la loi est vicié dans son organisation. Il manque aussi sur plusieurs points d'une sanction suffisante.

C'est ainsi que le but a été manqué; la loi s'est trouvée désarmée en présence de la fraude qu'elle avait la volonté de punir avec la plus grande sévérité.

Cette situation devait avoir des conséquences fâcheuses pour le commerce. Une bonne loi sur les faillites et les banqueroutes est le complément nécessaire des institutions destinées à assurer l'exécution des transactions commerciales. Quelque fortes que soient ces institutions, elles deviennent illusoires lorsqu'elles peuvent être facilement éludées par une simple déclation de faillite; la confiance ne peut exister non plus lorsque les engagemens dépendent uniquement de la volonté des débiteurs.

Le crédit commercial a été arrêté dans sa marche. Tout le moral du commerce est tourmenté d'une pernicieuse influence. Ces faits sont constans. Des plaintes se sont élevées de toute part. Les désastres qui ont eu lieu dans les dernières crises, en fournissant à la fraude une occasion favorable et des prétextes plausibles, ont révélé toute l'étendue du mal et fait sentir le besoin de donner au commerce de nouvelles et plus solides garanties.

On ne doit pas se le dissimuler, l'organisation du régime des faillites présente de très-grandes difficultés; de très-bons esprits ont manifesté même un doute désespérant sur la possibilité détablir un régime véritablement efficace.

Il faut croire que cette crainte est au moins exagérée. Sans doute les lois les plus sages ne sauraient avoir la force nécessaire pour purger entièrement la société des crimes qui viennent l'affliger à certains intervalles. Il y aura toujours des banqueroutes, comme il y aura toujours des faillites; mais il dépend certainement du législateur d'empêcher que les banqueroutes se multiplient dans une proportion effrayante. On peut donc demander à la législation qu'elle assure un ordre général dans les faillites comme elle assure un ordre général dans la société.

Pour arriver à ce but, il est nécessaire de remonter à la source du mal; c'est à cette condition qu'on peut espérer d'établir des dispositions qui ne soient plus sans résultat. Il ne sera pas sans utilité, avant d'entrer dans l'examen détaillé des dispositions du code, de jeter un coup d'œil général sur les difficultés qui sont propres à cette partie de la législation commerciale.

La faillite change tous les rapports qui existaient entre le failli et ses créanciers. Lorsqu'un commerçant a déclaré l'impossibilité où il est de remplir ses engagemens, la disposition de ses biens ne peut plus lui être conservée; par la force des choses ces biens sont devenus la propriété commune des créanciers et du failli. Tel est le principe consacré par la disposition du code qui prononce le dessaisissement du failli en établissant un séquestre judiciaire.

C'est un grand bienfait de la loi que cette sorte de communauté qu'elle établit en concentrant tous les intérêts, toutes les volontés, sur un point unique qui évite le conflit des poursuites judiciaires qui auraient pu consumer en frais le gage commun.

Cependant cette communauté est purement fortuite; elle n'est point volontaire; elle ne détruit pas complètement les droits qui existaient pour chacun en particulier. C'est d'une situation aussi inattendue que compliquée, que naissent de dangereuses influences qu'il est nécessaire de combattre.

On sait par expérience que certains créanciers adoptent difficilement ce principe d'une justice exacte, qui exige d'eux le sacrifice de l'exercice de leurs droits, pour garantie de ces mêmes droits vis-à-vis des autres créanciers. Cette raison, tout évidente qu'elle soit, n'est pas assez généralement sentie par l'intérêt personnel, pour qu'on puisse espérer qu'elle suffira toujours pour écarter les prétentions que les créanciers peuvent chercher dans un titre qui leur confère des droits absolus.

Les faillites proviennent le plus ordinairement de l'incapacité, de l'inconduite, ou de l'imprudence. On sent alors le besoin de se prémunir contre les dangers que présente la nouvelle situation du débiteur. Ce débiteur a compromis les intérêts de ses créanciers dans une situation où il n'avait besoin, pour réussir, que de se diriger avec sagesse; combien n'est-il pas à craindre qu'il se laisse trop facilement entraîner à enfreindre la bonne foi, cette première règle du commerce, dans une position qui ne lui présente plus qu'une perspective malheureuse, avec trop de facilité et trop de tentations pour se ménager quelques ressources au détriment de ses créanciers !

Souvent aussi les faillites sont le résultat calculé de la fraude. Il est malheureusement une classe d'hommes qui ne craignent point d'abuser des facilités du commerce, pour se composer un patrimoine aux dépens des personnes qui ont eu la confiance de traiter avec eux. La nature particulière des transactions commerciales rend ce moyen de fraude très-facile. On a pu remarquer que ce danger devient surtout à craindre avec le principe de la libre concurrence, principe qu'on regarde, avec raison, comme condition nécessaire de la prospérité du commerce, mais qui a toutefois l'inconvénient d'ouvrir la carrière commerciale à toutes personnes indistinctement, sans offrir aucune garantie de capacité, ni de moralité.

Quelquefois enfin la faillite d'un commerçant éclate par un coup subit du sort, sans qu'on ait à lui reprocher aucune faute. La faillite a détruit en un jour tout son patrimoine, ses espérances, l'avenir de sa famille : il est bien digne d'intérêt et d'estime celui-là qui reste inébranlable dans sa loyauté au milieu d'un pareil désastre ; mais la société ne pourrait sans injustice et sans danger abandonner tout-à-fait à lui-même l'honnête homme que la fortune abandonne.

Tels sont les points de vue généraux sous lesquels le régime des faillites doit être envisagé. On s'aperçoit dès lors que le système doit embrasser dans son ensemble des situations si diverses, des influences si contraires, des dangers trop réels, qui naissent en foule des nécessités mêmes d'une situation aussi extraordinaire.

Ces rapports multipliés, en faisant connaître la difficulté d'organiser un bon régime des faillites, indiquent aussi les conditions qui doivent se trouver dans la loi pour qu'elle puisse répondre à tous les besoins du commerce.

Une bonne législation sur les faillites et les banqueroutes doit être profondément empreinte d'un caractère de prévoyance, de modération et de force.

La loi sera essentiellement prévoyante, car elle a pour principal objet d'éloigner les influences qui pourraient agir dans un sens contraire à l'intérêt commun de la faillite. Elle ne saurait prendre trop de précautions, et pourtant ces précautions peuvent souvent contrarier les intérêts des créanciers, compromettre même le sort du failli; elle établira alors une juste distinction entre les diverses classes de faillis; ses dispositions, pas trop inflexibles, se prêteront également aux différentes situations de la faillite : capables tout à la fois de protéger efficacement les créanciers contre les débiteurs de mauvaise foi, ou de garantir les créanciers et les débiteurs honnêtes contre le danger d'une complication de formalités inutiles, et par cela même contraires à leurs intérêts.

La loi doit être modérée, c'est-à-dire qu'elle doit être préventive avant tout, puisqu'elle est généralement destinée à régir des intérêts civils entre personnes habituées au respect des lois. Si elle ne manque point à ce caractère, les délits dans les faillites ne peuvent se montrer que par exception : des fraudes trop fréquentes, soit de la part des débiteurs, soit de la part des créanciers, accuseraient à coup sûr l'imprévoyance de ses mesures.

La loi enfin sera assez forte pour assurer la répression des délits qui compromettent le sort de la faillite. Après avoir tout fait pour garantir les droits légitimes, il faut qu'elle se montre inexorable pour la mauvaise foi. L'impunité d'un banqueroutier est une calamité publique; elle multiplie les banqueroutes; elle perd le crédit; elle corrompt tous les principes conservateurs du commerce.

S'il est vrai que telles soient les conditions d'une bonne législation sur les faillites et les banqueroutes, il faut convenir que la loi du code s'est trop souvent écartée de ce caractère tempéré de modération et de sévérité, qui pouvait seule assurer son efficacité.

Nous devons pourtant payer à ses auteurs un juste tribut de reconnaissance. Ils ont, sur plusieurs points importans, apporté de notables améliorations à notre ancienne législation : les dispositions qui concernent le dessaisissement du failli, les faits qui servent à déterminer les caractères de la faillite, à fixer l'époque de son ouverture, la nullité des actes faits en fraude des intérêts de la masse, les droits des différentes espèces de créanciers, particulièrement les droits des femmes, les principes de la revendication ; ces dispositions ont atteint tout le degré de perfection qu'on peut raisonnablement désirer : on aime à retrouver encore dans cette partie de la loi commerciale les judicieux et sages rédacteurs de notre code civil.

Les imperfections et les vices du système, c'est une chose remarquable, se trouvent presque tous dans la partie de la loi qui a un rapport plus direct avec l'organisation particulière au commerce. Lorsqu'on étudie ces diverses dispositions, on s'aperçoit facilement que les besoins spéciaux du commerce n'ont pas été bien connus, ni ses vœux accueillis (1).

(1) La commission, chargée de préparer le projet de code de commerce, composée en partie de négocians, avait proposé un régime des faillites bien moins compliqué que celui du code. Lorsqu'on discuta le titre des faillites dans l'ancien conseil d'état, cette commission fut effrayée des conséquences que pourrait avoir pour le commerce le système qui paraissait prévaloir ; elle demanda à plusieurs reprises, et ne put obtenir, de prendre part à la discussion.

Ces dispositions concernent principalement :

1° La suspension de paiement qui n'est point distinguée de la faillite;

2° Les frais d'enregistrement, et les amendes;

3° La marche et les opérations de la faillite ;

4° Les mesures de précaution prises à l'égard de la personne et des biens du failli;

5° L'organisation de l'administration et du contrôle de surveillance;

6° La division des pouvoirs judiciaires, qui constituent cette juridiction particulière ;

7° Le concordat et ses effets;

8° La recherche et la poursuite des banqueroutes;

9° La réhabilitation.

Nous allons parcourir ces diverses branches du système. Avant d'indiquer les changemens à faire à la loi, nous ferons toujours ressortir les inconvéniens que présentent ses dispositions; c'est en marchant ainsi éclairé par l'expérience des faits, qu'on peut moins risquer de s'égarer dans une route difficile.

Parmi les diverses vues que nous aurons à émettre, quelques-unes pourront être contraires aux idées généralement répandues dans le commerce; c'est ainsi qu'en traitant du concordat, cet écueil jusqu'ici inévitable de notre législation commerciale, nous avons soulevé une question qui nous a semblé capitale, question grave, étendue, et délicate; nous avons aussi reproduit l'importante question de l'établissement d'un ministère public pour les faillites. Ce sont là sans doute de grandes innovations; peut-être ne paraîtront-elles pas dénuées de raisons solides.

Au reste, nous ne pouvions avoir la pensée de présenter une solution sur des questions législatives de cette importance : ce sont de simples documens offerts à la discussion publique, que nous avons puisés dans un examen comparé de nos diverses lois sur les faillites avec quelques législations étrangères.

DE LA SUSPENSION DE PAIEMENT ET DE L'ATTERMOIEMENT.

Le Code de commerce ne contient aucune disposition sur la suspension de paiement occasionée par la gêne momentanée d'un débiteur, d'ailleurs solvable. On a réclamé contre ce silence du Code; deux auteurs (1), qui ont rendu de grands services à la jurisprudence commerciale, ont particulièrement insisté sur la nécessité de compléter le régime des faillites par quelques dispositions sur une situation qui se présente assez fréquemment dans le commerce. Cette matière touche à des intérêts excessivement délicats; elle donne lieu d'examiner deux questions distinctes : 1° est-il nécessaire d'établir un régime particulier pour le simple attermoiement? 2° Comment ce régime peut-il être organisé sans compromettre les intérêts des créanciers?

Doit-on distinguer la simple suspension de paiement, de la faillite? sur cette question, l'opinion des commerçans les plus éclairés repousse toute distinction entre la supension et la cessation absolue de paiement. Cette opinion paraît fondée sur la nature même des transactions de commerce, qui reposent sur les con-

(1) M. Locré, Esprit du code de commerce, t. V, p. 18; et M. Emile Vincens, Exposé raisonné de la législation commerciale, tit. des faillites.

ditions impérieuses de la circulation et du crédit. Il est certain, en effet, que lorsqu'un commerçant ne remplit pas au moment précis les engagemens qu'il a contractés, il faillit à la loi commerciale; tout son avoir doit répondre dès lors et sans retard de cette infraction des engagemens contractés envers le commerce.

On sait combien les lettres de répit et de défenses générales étaient devenues abusives sous l'ancienne législation. On avait cru, par la déclaration du 23 décembre 1699, extirper les abus nés de l'insuffisance des dispositions des ordonnances de 1669 et 1673. Les dispositions de cette déclaration ne pouvaient être plus prévoyantes, plus attentives à exiger du débiteur toutes les garanties nécessaires pour la conservation des droits des créanciers. Cependant malgré les sages mesures qu'elle avait prescrites les abus se perpétuèrent. Les auteurs les plus contemporains (1) s'accordent pour reconnaître que l'usage d'accorder des lettres à la chancellerie était tombé insensiblement en désuétude par suite des abus qu'on n'avait pu détruire. Aussi, dans les dernières années qui ont précédé la révolution, les attermoiemens étaient presque toujours le résultat d'un accord librement convenu entre les créanciers et le débiteur.

Il est donc vrai qu'en établissant un système unique de concordat pour les situations diverses d'un débiteur qui manque à ses engagemens, les rédacteurs du Code

(1) Voyez l'ancien Praticien des juges-consuls, dernière édition, tiv. III, chap. I, pag. 179.

n'ont fait que consacrer un ordre de choses déjà établi par l'autorité d'une expérience acquise sous la législation même qui avait adopté des principes différens.

Ce serait, au reste, une grande erreur d'attribuer exclusivement à la manière arbitraire d'accorder les lettres de répit, les abus qu'on avait toujours remarqués; car, indépendamment des abus inséparables d'un système qui abandonnait à l'administration le droit d'accorder ou de refuser cette faveur, il y avait aussi des inconvéniens inhérens à l'état même de suspension de paiement. Savary (1), qui avait une expérience si consommée des affaires de commerce, avait remarqué depuis long-temps qu'il était rare que les débiteurs qui usaient de cette ressource parvinssent à satisfaire à leurs créanciers sans recourir à la voie de l'attermoiement, avec remise d'une partie de la dette. La commission qui fut chargée en 1787, sous le ministère de M. de Montmorin, de reviser l'ordonnance de 1673, avait également proposé la suppression des lettres de répit (2). L'expérience lui avait aussi appris que les débiteurs employaient le plus souvent le délai qui leur était accordé pour mettre leurs effets à couvert, ou pour payer les créanciers qu'ils redoutaient le plus au préjudice des autres.

Il se présente donc de très-fortes raisons pour n'admettre aucune distinction entre la simple suspension

(1) Voy. le Parfait négociant, p. 660.

(2) Voyez, sur l'article XIX du titre des faillites, le projet de révision qui a été imprimé à la suite des observations des cours et tribunaux sur le projet du code de commerce.

de paiement et la faillite. Peut-être faudrait-il le décider ainsi pour ces transactions importantes qui s'opèrent sur les grandes places de commerce, aujourd'hui que les moyens de crédit sont si étendus, que les procédés admis dans le commerce offrent tant de ressources pour se procurer des capitaux, qu'il est bien rare de voir un commerçant forcé de suspendre ses paiemens, si son passif n'est pas réellement au-dessus de son actif.

Mais il n'en est pas de même sur les places d'un ordre inférieur. Là les capitaux ne sont pas à beaucoup près aussi abondans, et le crédit commercial est loin d'y être aussi étendu. Dans les pays de manufactures, par exemple, où la fortune des commerçans repose en partie sur des capitaux engagés, qui ne peuvent alimenter la circulation dans un moment de besoin, il arrive souvent qu'un commerçant très-solvable voit tout à coup toutes les ressources du crédit se fermer devant lui. D'un autre côté, le commerce est exposé à tant de vicissitudes, il peut éclater des crises si soudaines et si désastreuses, que la loi, faite pour toutes les localités, qui doit embrasser tous les temps, répondre à tous les besoins, ne saurait omettre de statuer sur un ordre de rapports qui tient aux intérêts les plus délicats des créanciers et des débiteurs commerciaux.

Ces considérations portent à croire qu'un régime légal sur la suspension de paiement, s'il est combiné avec prudence et mesure, peut offrir au commerce un secours très-efficace. D'ailleurs la suspension de paiement n'est pas toujours contraire aux droits des créanciers. Les intérêts des créanciers sont intimement liés à la conservation des ressources de leur débiteur ; or l'attermoiement, s'il est soumis à de justes conditions, a pour effet de conserver ces ressources dans l'intérêt de tous, dans ces crises malheureusement assez fréquentes où il suffit quelquefois de gagner un peu de temps pour échapper aux désastres produits par le resserrement des capitaux, ou par un avilissement momentané dans la valeur des marchandises.

Diverses vues d'organisation ont été proposées.

Nous ne nous arrêterons point au système qui avait été proposé par M. Locré. A l'époque où il écrivait, M. Locré paraissait adopter l'idée de rétablir les lettres de répit, en les faisant accorder par l'autorité sur la demande du tribunal de commerce ; mais sous un régime de légalité garanti par notre Charte constitutionnelle, l'attermoiement ne peut être que le résultat de la libre délibération des créanciers.

Plus récemment, M. Emile Vincens a proposé de faire constater l'état de suspension de paiement par une déclaration faite sans publicité, au greffe du tribunal de commerce, en imposant au débiteur deux obligations : 1° celle de déposer ses livres, les clefs de ses bureaux, magasins, et caisses ; 2° celle de présenter une caution pour répondre pendant le sursis de la valeur de ses facultés. En remplissant ces deux conditions, le tribunal prononcerait un sursis d'un mois, pendant lequel des arbitres seraient chargés d'appeler les créanciers connus, de les réunir, de faire choisir entre eux des syndics, d'autoriser les ventes urgentes, et de négocier l'attermoiement ou le concordat.

L'unanimité des créanciers déterminerait l'adoption ou le rejet des conditions d'attermoiement ou de concordat. En cas d'adoption, la déclaration de suspension de paiement serait annulée ; dans le cas contraire, le tribunal déclarerait la faillite, dont l'ouverture remonterait à l'époque de la déclaration déposée au greffe.

Dans le système proposé, le tribunal aurait la faculté de proroger le sursis, suivant les circonstances ; il pourrait aussi, en tout état de cause, déclarer la faillite, d'office ou sur la demande des créanciers, s'il acquérait la connaissance de l'inutilité ou de l'abus de la faculté accordée.

Ce système ingénieux renferme d'excellentes vues. Il présente pourtant des inconvéniens très-graves.

Remarquons d'abord que les principes ne permettent point, à l'égard des tiers qui peuvent traiter de bonne foi avec le débiteur, pendant la durée du sursis, de faire remonter la faillite à l'époque d'une déclaration qui a été tenue cachée.

On ne voit pas ensuite la nécessité d'exiger l'unanimité des voix pour l'adoption de l'attermoiement ou du concordat, dans un état de choses qui admet, aussi bien que la faillite, la règle qui veut que la minorité des créanciers soit liée par la décision de la majorité, dans toute délibération relative à des intérêts communs.

Le résultat final de ce système serait d'établir nécessairement une double tentative d'accommodement, un double délai, de plus grandes entraves pour le débiteur et les créanciers. L'auteur a bien pressenti cet inconvénient ; aussi a-t-il cherché à y remédier, en donnant aux arbitres et aux syndics le pouvoir de procéder à la vérification des créances, à la confection du bilan, pour qu'en cas de faillite il n'y ait aucune perte de temps; mais comme toutes ces opérations ne sauraient être faites avec les précautions qui sont exigées en matière de faillite, il y aurait absence totale des garanties réclamées dans l'intérêt des parties absentes et du bon ordre.

En cherchant un autre mode d'organisation, on reconnaîtra bientôt que les difficultés qu'a rencontrées monsieur Emile Vincens, disparaissent en partie, si l'on se rattache fortement au principe qui doit être la base de toutes dispositions sur cette matière.

Il doit nécessairement y avoir une différence marquée entre la simple suspension de paiement et la faillite. Un commerçant qui se trouve dans l'impossibilité de remplir ses engagemens ne peut être dispensé de la déclaration de faillite, qu'autant que sa solvabilité est évidente, et que sa position présente une entière sécurité pour ses créanciers. Ainsi, la première condition qu'on doit imposer au débiteur qui réclame la faveur de l'attermoiement, c'est de fournir la plus solide garantie sur son état de solvabilité.

Deux choses sont indispensables pour procurer cette garantie; il faut, en premier lieu, que l'actif du débiteur surpasse son passif dans une proportion rassurante. Le débiteur doit, en outre, être astreint à fournir une caution qui réponde de toutes les suites de l'attermoiement.

Au premier abord la réunion de ces deux conditions peut sembler inutile. Elle est pourtant nécessaire pour empêcher les abus qu'on avait remarqués sous l'ancienne législation. Si la position du failli est véritablement rassurante, aucune raison ne peut le dispenser de fournir une caution, soit personnelle, soit hypothécaire. Dans une situation où le résultat final de l'attermoiement dépend entièrement de sa bonne foi et de sa bonne conduite, sa famille, sa femme surtout, ses enfants, ne pourraient rejeter une pareille solidarité sans laisser des doutes qui donneraient aux créanciers le droit d'exiger le rigoureux accomplissement des engagemens qu'on avait contractés envers eux.

La déclaration, d'ailleurs si prévoyante, du 23 décembre 1699 avait omis d'exiger la vérification de l'état de situation présenté par le débiteur, avant d'accorder les lettres de répit. Il est vrai que l'art. 2 t. IX de l'ord. de 1673, avait prononcé la déchéance du débiteur à l'égard de l'attermoiement obtenu, lorsque l'état qu'il avait présenté se trouvait être inexact ou mensonger, mais cette déchéance tardive était par là même inefficace. Cette grave omission n'a pas été la cause la moins active des nombreux abus qui ont signalé le système établi par notre ancienne législation : la vérification préalable, par les créanciers, de la situation de leur débiteur, est donc encore une condition indispensable de l'attermoiement.

Il nous semble qu'en prenant ces deux conditions pour point de départ, l'organisation du régime de l'attermoiement se simplifie beaucoup.

Les dispositions réglementaires se réfèrent à ces chefs principaux :

Imposer au débiteur l'obligation de déposer, en faisant sa déclaration de suspension de paiement, un bilan, comme en cas de faillite, avec toutes les pièces nécessaires pour constater qu'il remplit les conditions exigées, ces pièces devant être conservées pendant toute la durée de l'attermoiement.

Faire choisir par le tribunal, parmi les plus forts créanciers, des commissaires chargés de constater immédiatement la véritable situation du débiteur, de prendre des renseignemens sur les garanties offertes, de faire sur le tout un rapport à l'assemblée des créanciers.

Dans un bref délai, fixé par le jugement qui nomme les commissaires rapporteurs, et qui ne devrait pas excéder quinze jours, réunir sous la présidence d'un juge l'assemblée des créanciers pour négocier un traité d'attermoiement sous les conditions qui suivent : 1° que toutes les formalités préalables ont été scrupuleusement observées; 2° que le débiteur remplit les conditions exigées concernant la balance de son actif avec son passif et la dation d'une caution. 3° que les créanciers délibérans, affirmant la sincérité de leurs créances, formeront au moins les trois quarts des créanciers portés au bilan, et que l'attermoiement sera consenti par les trois quarts en nombre et en sommes des créanciers délibérans, homologué par le tribunal, sur le rapport du président de l'assemblée.

Prononcer enfin des peines sévères contre les créanciers supposés pour parvenir à un attermoiement, et déclarer failli, dès l'époque de la suspension de paiement, le débiteur qui, en suspendant ses paiemens, n'a pas obtenu d'attermoiement, celui qui n'a pas fait les justifications nécessaires, celui qui a présenté un faux état de situation.

Telles sont les dispositions générales qu'on pourrait adopter comme bases du système.

Il nous paraît inutile d'entrer dans l'examen des dispositions de détail concernant la suspension de paiement ; mais la formation du contrat d'attermoiement réclame une attention particulière.

Parmi les dispositions qui se rapportent à cette partie du système, nous distinguerons celles qui sont indispensables pour constituer le contrat lui-même, et les dispositions moins importantes qu'on peut laisser à la décision de la majorité des créanciers.

Nous remarquons d'abord, sous le premier rapport, qu'on ne peut exiger l'unanimité des voix comme condition de l'attermoiement sans rendre tout accord impossible, dans un état de choses où la résistance de certains créanciers peut se fortifier de l'assurance qu'ils ont de recouvrer la totalité de leurs créances.

En second lieu, dans le concordat d'attermoiement, plus que dans le concordat qui a lieu en cas de faillite, on doit rencontrer nécessairement des intérêts opposés, une plus grande divergence de vues, à raison des différences dans les époques d'exigibilité des créances. Toutes les difficultés qui naissent de cette diversité d'intérêts ne peuvent être aplanies qu'en ramenant les termes de la délibération à un point de vue général.

L'assemblée des créanciers doit donc être appelée pour prononcer uniquement sur ces deux points : sera-t-il accordé attermoiement au débiteur? quels délais lui seront accordés? Ces questions résolues, toutes les créances sont divisées de plein droit en conservant les diverses époques d'exigibilité résultant des titres, de telle sorte que tous les créanciers aient à subir la même chance en concourant proportionnellement dans les paiemens successifs, faits en exécution des conventions.

Le succès du traité dépendant entièrement de la bonne foi apportée dans son exécution, tant de la part du débiteur que de la part des créanciers, l'infraction des conventions essentielles de la part du débiteur doit donc entraîner la résolution du contrat. A l'égard des créanciers qui se procurent des avantages particuliers contrairement aux stipulations, l'ordonnance de 1763, art. 4, ordonnait le rapport à la masse du double de la somme perçue illégalement; cette disposition offrirait encore une suffisante garantie.

Les dispositions moins essentielles qui peuvent être laissées au choix de la majorité des créanciers, concernent : 1° les conditions que les créanciers sont en droit d'imposer à leur débiteur, pour mieux assurer leur sécurité ; 2° les moyens qui peuvent être pris pour leur rendre l'attermoiement le moins onéreux possible.

Relativement au premier objet, nous rappellerons que la déclaration de 1699 avait pris des précautions infinies pour empêcher les débiteurs d'abuser des facilités qui leur étaient accordées. On peut consulter encore utilement les diverses dispositions de cette déclaration ; mais on sent très-bien que les créanciers n'auraient pas besoin de prendre des précautions aussi rigoureuses dans un système qui adopterait les principes du cautionnement. Ces précautions se borneraient donc, le plus ordinairement, soit à interdire au débiteur quelques entreprises commerciales qui pourraient compromettre les intérêts des créanciers, soit à nommer des commissaires chargés de surveiller ses opérations de commerce pendant toute la durée de l'attermoiement.

Quant au moyen de rendre la suspension de paiement la moins onéreuse possible aux créanciers, il consisterait à remplacer les anciens titres par des titres nouveaux, négociables et productifs d'intérêts. Cette combinaison aurait le double avantage de faciliter la libération du débiteur en divisant ses engagemens suivant les habitudes du commerce, et de placer dans les mains des créanciers des valeurs négociables dont ils pourraient disposer pour leurs besoins personnels.

Il est vrai qu'on peut opposer la défaveur attachée à un pareil papier de crédit, et les inconvéniens d'un défaut de remboursement trop à craindre ; mais cette objection ne paraîtra pas fondée, si l'on se pénètre bien qu'il doit y avoir un intervalle immense entre le simple attermoiement et la faillite. Le droit d'attermoiement repose entièrement sur ce principe. Cette condition est tellement esssentielle, qu'une masse de créanciers ne doit consentir à attermoyer avec son débiteur qu'avec la certitude que ce débiteur sera exact à remplir ses nouveaux engagemens. Si cette certitude n'existe pas, il serait dangereux de renoncer aux garanties qu'offre le régime des faillites.

Telles sont les conditions sous lesquelles on peut constituer, pour la simple suspension de paiement, un régime légal propre à concilier les garanties nécessaires au commerce, les droits des créanciers, avec la protection qui est due aussi aux débiteurs que des circonstances extraordinaires peuvent obliger de recourir à cette ressource.

Il nous semble que ces conditions suffisent pour écarter les dangers qui font principalement appréhender d'introduire dans la loi des dispositions qui ont pour effet d'arrêter l'exécution des engagemens du commerce.

En effet, les droits des créanciers ne sont point compromis, si le débiteur qui demande à attermoyer est obligé de placer immédiatement tout son avoir sous la main de la justice, et de fournir toute garantie de solvabilité.

Il n'est pas à craindre non plus qu'on puisse se servir des dispositions de la loi pour se jouer de ses engagemens, si tout commerçant qui suspend ses paiemens doit se présenter à la justice, à la première infraction produite par l'embarras de sa position, et si la déclaration de sa faillite est la conséquence immédiate, inévitable, d'une démarche dont la nécessité ne serait pas reconnue par la grande majorité des créanciers.

DES DROITS D'ENREGISTREMENT ET DES AMENDES.

La première et la plus indispensable qualité d'une loi sur les faillites, c'est d'être excessivement économe du temps et des intérêts des créanciers et des faillis: cette condition peut seule assurer que la loi sera généralement et constamment exécutée. Nous ferons même à cet égard une remarque qui repose sur l'observation constante des faits; c'est que dans les faillites les créanciers en général ne sont pas autant frappés des dangers d'une tentative d'arrangement amiable, qui n'offre point de garantie, comme ils appréhendent les entraves que présentent les voies ordinaires de la justice, et les frais qu'elles entraînent toujours.

Si l'on veut que la loi atteigne le but qu'on se propose, on ne peut donc se dispenser de lui donner un caractère de simplicité et d'économie qui soit si frappant, que le commerce ne puisse avoir d'autre désir que celui de recourir à la protection de la justice.

Ce caractère se fera surtout remarquer dans la marche et dans les opérations de la faillite, et dans la fixation des droits d'enregistrement.

Les opérations de la faillite feront la matière du chapitre suivant; il faut d'abord s'occuper des droits d'enregistrement, qui sont un des plus grands obstacles à l'exécution de la loi.

La juridiction des tribunaux de commerce sur les faillites est une juridiction toute particulière, car elle est, en général, un acte d'autorité protectrice plutôt qu'un acte de la justice contentieuse. Cette distinction n'avait pas échappé aux auteurs de l'ordonnance de 1673; c'est pour cela qu'ils avaient admis que les divers actes concernant la faillite se passeraient uniquement entre les créanciers et le failli; dans le système de cette liquidation, l'autorité judiciaire n'intervenait que pour donner la sanction au traité, et cela seulement dans l'intérêt du bon ordre.

Le mode d'intervention établi par le Code est mieux entendu sans doute; il offre constamment une garantie plus solide. Il ne faut pourtant pas que cette intervention perde ce caractère de protection, en imposant au commerce des charges énormes, qui font que la loi paraît plutôt conçue dans l'intérêt du fisc que dans les véritables intérêts du commerce.

Sous ce rapport, la plupart des droits établis sur les faillites sont aussi injustes que mal entendus.

La loi du 28 avril 1816, article 74, exige que dans toute faillite on constate si les livres du failli étaient timbrés. Il ne peut être passé au concordat, aucun acte même ne peut être fait, avant que les livres n'aient été soumis au timbre; l'infraction qui aurait eu lieu entraîne une amende de 500 francs.

Si cet assujettissement au timbre est parfaitement juste, il n'en est pas de même de l'amende de 500 fr. pour l'infraction qui avait été commise par le failli; cette amende ne frappe-t-elle pas en effet sur les créanciers bien plus que sur le failli. Cette sévérité ne peut certainement être d'aucun effet comme moyen de répression, car on n'entreprend guère le commerce en prévoyance de faillir. Loin d'être d'aucune utilité, elle entraîne au contraire de très-grands abus, parce qu'elle offre un prétexte aux faillis pour se dispenser de produire leurs livres.

Le concordat suppose un droit proportionnel de demi pour cent sur les sommes que le failli s'oblige à payer ; de 1 pour cent, s'il paie en effets de commerce ou en délégation de créanciers ; de 2 pour cent, s'il faut se contenter d'un paiement en marchandises mêmes de la fabrique du failli. Au lieu de concordat, si les rentrées se répartissent, il en coûte un demi pour cent de droit de quittance.

En établissant de pareils droits on a tout-à-fait méconnu la nature des opérations commerciales, qui les différencie essentiellement des transactions civiles ordinaires. Par une ingénieuse fiction, ces sortes d'opérations se font en quelque sorte au comptant, puisqu'elles s'effectuent ordinairement au moyen d'effets de circulation qui sont la monnaie du commerce. Ces sortes d'engagemens sont si multipliés, ils se renouvellent si fréquemment, qu'il est aussi impossible qu'il serait injuste de les soumettre à un droit ordinaire d'obligation. Aussi ne comportent-ils qu'un simple droit de timbre; mais la faillite peut-elle en changer la nature? ce que les créanciers reçoivent en vertu du concordat ou du contrat d'union, n'est-ce pas la rentrée partielle de ce qui était dû à chacun? Dès-lors n'y a-t-il pas injustice, et contradiction en même temps, à choisir l'événement même qui empire la condition des créanciers et des débiteurs commerciaux pour les assujettir à des charges qui n'existent pas dans une situation ordinaire : il faut bien le dire, ces perceptions de l'enregistrement sur les faillites c'est le droit insensé de naufrage qu'on a fait revivre au profit du fisc.

Ces observations sont plus que suffisantes pour faire voir combien l'état actuel de notre législation sur les faillites est éloigné du but qu'on doit se proposer; aussi le commerce a-t-il en général rejeté la protection qui lui était offerte à si haut prix, ou, lorsqu'il s'est vu forcé de la recevoir, il a constamment cherché à éluder des dispositions qui lui étaient par trop onéreuses. Cet inconvénient est si bien senti qu'on voit souvent les débiteurs, pour amener leurs créanciers à composition, les menacer de déposer leur bilan et cette menace produit toujours son effet.

Ce vice radical dans la loi doit d'autant plus étonner que l'administration elle-même a rappelé plusieurs fois le principe qui doit diriger l'établissement des droits d'enregistrement dans les faillites. Une décision du ministre des finances, du 28 juin 1808, dispense de l'enregistrement les pièces sur lesquelles les droits des créanciers sont établis. Une autre instruction de la régie, du 9 mars 1809, reconnaît aussi que la remise des titres aux syndics, même aux mains des greffiers, est une opération privée non susceptible d'un dépôt en forme et des droits qui y seraient attachés.

Voilà des principes justes et salutaires ; et l'on a justement remarqué que la distinction qu'ils établissent ne s'applique pas moins aux divers actes qui ont lieu dans la faillite. Elle doit donc conduire à la suppression de droits qui deviennent énormes par leur multiplicité, et qui consument en frais l'actif le plus liquide de la faillite.

On peut craindre que l'affranchissement de ces droits ne produise une diminution trop sensible dans les revenus du gouvernement ; mais cette crainte ne saurait être fondée. S'il est vrai qu'en économie publique il ne puisse y avoir de mesures plus désastreuses que celles qui affectent la source même des richesses, le gouvernement ne peut trouver aucun avantage à établir des impôts sur les désastres qui affectent le commerce ; car le commerce est une des sources les plus productives des richesses de l'état.

Au lieu d'augmenter par de nouvelles charges, par de nouvelles entraves, la gêne que les faillites lui font éprouver, l'intérêt bien entendu du gouvernement est de diminuer ces pertes, c'est de mettre le commerce à même de les réparer promptement par l'influence d'une loi simple, d'une facile exécution, capable de raffermir le crédit, d'accélérer la circulation. La prospérité du commerce, garantie par une sage législation et par un bon système d'administration, offrira toujours au gouvernement une source assez abondante de tributs.

On ne saurait donc trop insister sur la nécessité de réformer un abus qui paralyse l'exécution de la loi.

Nous terminerons sur ce point par une observation qui ne sera peut-être pas sans utilité; c'est qu'il faut bien prendre garde que lorsqu'on s'occupe des dispositions relatives au fisc on perd trop facilement de vue les raisons qui avaient fait une nécessité de l'économie, dans la loi à laquelle doivent s'appliquer ces dispositions fiscales. La loi actuelle sur les faillites est un exemple fort remarquable de contradictions choquantes qu'on remarque quelquefois dans les lois qui statuent et les dispositions postérieures qui en règlent l'exécution ; ce doit être un utile avertissement pour que la loi présente, dans sa nouvelle rédaction, une solide garantie contre ces dangereuses invasions du fisc.

DE LA MARCHE ET DES OPÉRATIONS DE LA FAILLITE.

L'INTERVENTION de la justice dans les affaires de la faillite n'a pas seulement pour objet de conserver aux créanciers les biens de leur débiteur. Elle doit avoir aussi pour but d'établir une marche uniforme et régulière pour toutes les opérations faites pour préparer l'arrangement définitif.

L'ordonnance de 1673 ne s'était point occupée de ce second objet. En établissant quelques règles générales sur tout ce qui peut concerner les droits des créanciers, les garanties nécessaires dans les faillites et les délibérations sur les intérêts communs, cette ordonnance n'avait prescrit aucune disposition réglementaire pour régulariser la marche de la faillite. Tout était abandonné sous ce rapport à la volonté arbitraire des créanciers, ou à l'arbitraire plus dangereux des faillis et des gens d'affaires.

En voulant améliorer l'ancienne législation sur ce point, les rédacteurs du code sont tombés dans un excès contraire. Au lieu de quelques dispositions très-simples qui peuvent suffire pour tracer une marche rapide et sûre, ils ont établi un système compliqué, comme s'il s'agissait d'une loi civile ordinaire qui réclamerait la garantie des formes multipliées et de la lenteur dans les délais. On a donc créé un chapitre pour chacun des actes de la faillite ; on a donné des délais successifs, souvent très-longs, pour chacune des opérations. Il résulte de cette complication de dispositions une multitude d'actes, des frais considérables, une lenteur interminable, qui rebutent les créanciers, aggravent la position du failli, et consument en frais et en perte de temps la partie la plus liquide de l'actif de la faillite.

L'adoption d'un système aussi faux dit assez que les rédacteurs de la loi ont trop négligé les principes constitutifs du commerce ; cependant, quand il s'agit d'institutions qui doivent avoir une influence marquée sur les intérêts commerciaux, on ne saurait trop se rappeler que ces intérêts sont d'une nature toute particulière.

« Le commerce, dit un de ses organes les plus éclairés, ne s'agrandit et ne s'élève que par le crédit. « Il est essentiellement emprunteur comme il est également prêteur..... Dans les transactions civiles ordinaires on peut considérer celui qui prête comme « disposant d'une propriété liquide et indépendante, « qu'il engage pour un temps déterminé, et dont le « remboursement ne lui est pas aussi essentiellement « nécessaire au terme fixe de l'échéance du contrat. « Le prêteur a disposé de sa chose, et les retards « qu'il peut éprouver ne lui portent pas un dommage « aussi direct. Dans le commerce c'est tout différent ; « les transactions qui établissent des débiteurs et des « créanciers sont pour ainsi dire un crédit que « l'on prête et que l'on emprunte. Le marchand qui

« fait un crédit ne prête que ce qu'il a emprunté lui-
« même. Il doit calculer dans les rapports des enga-
« gemens qu'il contracte la valeur des engagemens
« qu'il reçoit. Il faut qu'ils se compensent l'un par l'au-
« tre, et s'il arrive des entraves dans leur exécution il
« est nécessaire que la promptitude des moyens que lui
« donne la loi répare aussitôt le dommage.

« Si des faillites rompent souvent la chaîne immense
« de ces rapports, elles détruisent la consistance et la
« force du crédit. Elles produisent une réaction fu-
« neste à ceux qui s'y sont livrés, car ils sont obligés
« non-seulement d'acquitter leurs crédits personnels
« et directs, mais il faut qu'ils remboursent leurs cré-
« dits indirects, c'est-à-dire les endossemens qu'ils
« ont souscrits pour les effets de crédit qui ne sont pas
« acquittés. Ce sont ces gênes imprévues qui ébranlent
« souvent les meilleures maisons et brisent tous les
« ressorts du crédit. C'est à prévenir de tels dangers,
« à réparer promptement les interruptions que le crédit
« peut éprouver, que le législateur doit s'appliquer;
« plus les effets de la loi seront prompts et rapides,
« et moins les dangers seront funestes (1). »

Cette vue si juste et si lumineuse, qui découvre le secret de toutes les ressources du crédit commercial, nous fait connaître en même temps les graves inconvéniens qui peuvent résulter d'une loi qui aggraverait, par un système d'entraves et de lenteurs, la situation des commerçans intéressés dans une faillite.

(1) De l'influence du gouvernement sur la prospérité du commerce, t. II, p. 339.

Nous allons donc examiner sous ce point vue les dispositions du code qui règlent la marche et les opérations de la faillite.

Ces dispositions concernent principalement :

1° La convocation des créanciers pour les productions des titres de créance et leur vérification;

2° La fixation de l'époque de l'ouverture de la faillite;

3° Les contestations qui peuvent s'élever à l'occasion de ces diverses opérations.

Le besoin de vérifier les titres de créance, pour éviter les abus qui peuvent se commettre à l'aide de créanciers supposés, donne lieu à une opération qui entraîne plus que toute autre la suspension de l'arrangement définitif. Il importe donc beaucoup que cette opération ait lieu le plus promptement possible; mais il importe aussi qu'elle soit faite avec assez d'exactitude et de soins pour procurer un examen sérieux des divers droits qui doivent avoir une influence marquée sur le sort de la faillite.

Les dispositions du code remplissent-elles cette double condition?

L'art. 502, qu'on trouve à la section IV de la vérification des créances, veut que les créanciers soient avertis par lettres de présenter leurs titres et de les déposer dans les mains des syndics. Ce même article accorde un délai de quarante jours pour la production.

En s'arrêtant à cette disposition isolée, il semblerait que les titres doivent être produits dans les quarante jours qui suivent la déclaration de la faillite; mais pour connaître toute la longueur du délai, il faut se reporter à quelques articles qui précèdent, à l'art. 459, ch. III, qui règle la gestion provisoire des agens, aux art. 476 et 480, chap. VII, sect. 1ere, qui déterminent les règles pour la nomination des syndics provisoires.

On verra qu'il résulte de l'ensemble de ces dispositions diverses, rapprochées de l'art. 502, qu'il faut nécessairement subir trois délais successifs avant d'arriver à la vérification des créances : premier délai pour la gestion des agens, qui peut être d'un mois ; à partir de la remise du bilan par les agens, second délai pour la convocation des créanciers à l'effet de nommer les syndics provisoires ; troisième délai pour la production des titres, qui ne peut commencer qu'après la nomination des syndics provisoires.

Il faut encore ajouter quinze jours, accordés par l'art. 503 pour la vérification, huit jours pour l'affirmation, d'après l'art. 507, le tout indépendamment de la prorogation accordée aux créanciers en retard.

De plus, comme les diverses opérations qui précèdent la vérification ne sont pas soumises à un temps rigoureusement limité, il en résulte que ces délais peuvent être indéfiniment prolongés par la négligence et le retard mis dans la nomination des syndics provisoires, ou dans les insertions relatives à la production des titres de créances.

Aussi cette complication d'opérations successives consume-t-elle ordinairement quatre à cinq mois de temps pour une opération très-simple qui exigerait au plus un mois ou quarante jours.

Le mode même de vérification est établi par les articles 501, 503, et 504; il doit être procédé à la vérification à mesure que les créanciers se présentent (art. 501); la vérification doit être faite contradictoirement entre chaque créancier et les syndics, en présence du juge-commissaire (art. 203); l'article 504 réserve seulement à tout créancier, dont la créance est vérifiée et affirmée, le droit d'assister à la vérification des autres créanciers et de fournir tous contredits.

Un pareil mode de vérification n'est-il pas insuffisant? Certes la vérification est une opération trop importante pour qu'on puisse la laisser entièrement à la discrétion des syndics provisoires. Cependant les syndics sont en même temps juges et parties dans l'examen des titres qui les concernent personnellement; car on ne peut attendre d'eux un véritable contrôle au regard de leurs créances personnelles, à raison des rapports particuliers qui les unissent dans les mêmes fonctions.

On sent d'ailleurs que la faculté accordée à chaque créancier de fournir tous contredits, devient illusoire dans un système qui ne donne pas aux créanciers des renseignemens suffisans pour éclairer leur surveillance. L'article 501, qui permet de procéder à la vérification à mesure que les créanciers se présentent, occasione aussi une grande perte de temps pour les créanciers et pour les syndics. Ces inconvéniens sont si réels qu'on a cherché dans l'exécution à corriger le vice de la loi, en faisant fixer par le juge-commissaire un jour de réunion où tous les créanciers sont appelés; mais cette marche n'étant point tracée par la loi elle n'est pas suivie avec l'exactitude qui serait nécessaire.

Toutes ces difficultés d'exécution ont été cause qu'on met en général une grande négligence dans l'une des opérations les plus importantes de la faillite. Cette opération est devenue une affaire de pure forme; hors quelques circonstances extraordinaires qui réveillent l'attention du juge-commissaire, des syndics, ou des créanciers, on néglige toujours de rapprocher les titres produits des livres du failli; on néglige de demander des renseignemens explicatifs sur l'origine des créances; on ne se livre à aucune espèce d'investigation pour s'assurer de leur légitimité.

C'est un fait généralement reconnu dans le commerce qu'avec ce mode de vérification il s'introduit presque toujours des créanciers supposés, dont l'assistance est utile au failli pour imposer la loi aux véritables créanciers.

Quelles dispositions pourrait-on adopter pour améliorer cette partie de la loi?

Les changemens relatifs au délai ne peuvent donner lieu à des difficultés bien sérieuses; il est facile de restreindre ce délai à trente ou quarante jours, en le faisant courir du jour même de la déclaration de faillite. Il suffit pour cela que le jugement déclaratif de la faillite contienne l'indication du jour de la réunion générale des créanciers pour procéder à la vérification. Certainement les créanciers seraient très-promptement et très-sûrement avertis par la publicité du jugement qui fixe plus particulièrement l'attention des personnes qui ont des rapports d'intérêts avec le failli. Cette publicité n'empêcherait pas au reste de faire avertir chaque créancier individuellement par lettre adressée à sou domicile respectif, indiqué par la liste que le failli devra déposer en faisant sa déclaration.

Quant à la prorogation qu'il est quelquefois nécessaire d'accorder aux créanciers en retard, il faut faire une distinction entre les créanciers inconnus et ceux dont le domicile se trouve indiqué par le failli. Il ne peut y avoir sans doute d'autre moyen de constituer en retard les créanciers inconnus, que le moyen de publicité prescrit par les articles 563 du Code de procédure et 512 du Code de commerce; mais à l'égard des créanciers dont le domicile est connu, la régularité des opérations paraît exiger que ces créanciers soient avertis par significations à domicile, faites au nom des agens de la faillite et aux frais des créanciers en retard.

Si l'on veut ensuite que la vérification des titres de créance ne puisse dégénérer en une affaire de pure forme, il nous semble qu'on ne peut se dispenser de prendre deux précautions qui ont été négligées par le Code : la vérification ne doit avoir lieu que dans l'assemblée générale composée de la majorité des créanciers; elle doit être précédée en outre d'un rapport fait à l'assemblée, après l'examen des titres produits et des livres du failli.

On pourrait supposer que l'organisation de ce mode de vérification doit être trop compliquée; elle se réduit pourtant à des dispositions infiniment simples:

Il suffira d'admettre un exemple pour s'en convaincre.

Les créanciers avertis déposent leurs titres entre les mains des administrateurs de la faillite dix jours avant l'époque fixée par la réunion. Les administrateurs procèdent à leur examen, en les rapprochant des livres du failli, et prennent tous les renseignemens nécessaires soit auprès du failli, soit auprès des créanciers produisants.

Au jour fixé pour la réunion, les administrateurs font leur rapport avec des explications suffisantes pour fixer l'opinion sur chaque créance. Ils déposent, avec les titres produits et les livres du failli, un tableau à double colonne présentant d'un côté l'état des créances qui ne sont pas susceptibles de contestation, et d'un autre côté les créances qui ne sont pas suffisamment justifiées. Les créanciers portés dans la première colonne délibèrent ensuite successivement sur l'admission ou le rejet total ou partiel des créances douteuses, en prenant connaissance des pièces et après avoir entendu les explications du créancier et du failli.

Qu'on observe avec attention les suites d'une marche ainsi éclairée, et l'on verra qu'elle doit procurer une vérification bien autrement efficace que la marche tracée par le code.

On remarquera en effet, que les créanciers ne peuvent avoir une juste opinion sur chaque créance sans avoir préalablement examiné les pièces; mais si les administrateurs sont chargés de cet examen, si l'on exige d'eux en outre un rapport explicatif, on les met par cela même dans la nécessité de se livrer à cet examen d'une manière sérieuse. Avec les premiers éclaircissemens que leur rapport doit fournir à l'assemblée, tout créancier pourra se former une opinion raisonnée sur le mérite de chaque créance. S'il s'élève des réclamations, tous les renseignemens propres à lever les doutes peuvent être fournis à l'instant même. Enfin la vérification se faisant en commun, on ne doit pas douter que les créanciers apporteront dans cette opération importante un examen attentif qu'on ne saurait attendre des syndics livrés à eux-mêmes.

C'est alors qu'on peut être assuré que les créanciers supposés ne pourront se présenter sans s'exposer à être démasqués par cette masse de renseignemens que doit nécessairement fournir la réunion de toutes les personnes qui ont traité avec le failli.

Une autre opération importante de la faillite concerne la fixation de l'époque de son ouverture. Tout ce qui concerne cet objet est renfermé dans les articles 441, 454, et 457. L'époque de l'ouverture doit être fixée, d'après l'article 454, par le même jugement qui nomme le juge-commissaire et les agens de la faillite. L'article 441 indique les circonstances qui doivent servir à déterminer cette époque; et l'article 457 ouvre la voie d'opposition aux créanciers ou à toutes autres personnes qui peuvent avoir intérêt que l'ouverture de la faillite soit fixée à une date différente.

Ces dispositions paraissent très-simples au premier abord; elles produisent cependant des difficultés très-nombreuses dans l'exécution.

Remarquons d'abord que, quoique dans le système du Code, la fixation de l'époque de l'ouverture de la faillite soit une des premières opérations, l'ordre des idées exige néanmoins que cette opération soit renvoyée après celle qui a pour but de vérifier les créances; en effet, la disposition de l'article 454 qui veut que l'époque de l'ouverture de la faillite soit fixée par le jugement déclaratif de la faillite, ne peut se concilier avec la disposition de l'article 441, indicatif des faits qui caractérisent l'état de faillite.

Ce dernier article porte que l'ouverture de la faillite est fixée soit par la retraite du débiteur, soit par la clôture de ses magasins, soit enfin par la date de tous actes constatant le refus d'acquitter des engagemens de commerce.

On conçoit très-bien qu'il ne pourrait y avoir d'inconvénient à fixer sans retard l'époque de l'ouverture de la faillite, si elle devait être toujours déterminée par des faits aussi patens, aussi invariables que ceux de la retraite du débiteur, ou de la clôture de ses magasins. Mais dans un système où la faillite remonte quelquefois à un temps très-antérieur, dont la fixation dépend des circonstances qui ne sont pas à beaucoup près aussi publiques, dont l'appréciation est plus incertaine et plus arbitraire, il y a contradiction manifeste à fixer l'époque de l'ouverture de la faillite avant que tous les faits qui doivent influer sur la décision du tribunal aient été parfaitement connus.

Cette contradiction dans la loi est devenue si sensible dans l'exécution qu'on a cherché à la faire disparaître. A Paris, et dans quelques autres tribunaux de commerce, on est dans l'usage de ne fixer que provisoirement l'époque de l'ouverture de la faillite; mais cette marche, qui est sans doute une heureuse correction apportée par nécessité à un système essentiellement vicieux, est en opposition manifeste avec la disposition précise de l'art. 454.

Elle ne fait pas cesser d'ailleurs les inconvéniens qui naissent des autres dispositions du code.

Ces inconvéniens proviennent surtout de l'application de l'art. 457, qui donne aux créanciers le droit de former opposition à la disposition du jugement qui fixe l'ouverture de la faillite. L'opposition peut être formée par les créanciers présens ou représentés jusque et y compris le jour du procès-verbal de vérification des créances, et par les créanciers en demeure jusqu'à l'expiration du dernier délai qui leur aura été accordé; cette faculté illimitée peut être d'ailleurs exercée par chaque créancier particulier; de là résultent assez fréquemment des difficultés embarrassantes, lorsqu'il se présente successivement des créanciers opposans, qui ont intérêt à faire porter l'époque de l'ouverture de la faillite à une date qui ne contrarie point leurs titres de créance. Ce conflit d'intérêts opposés produit très-souvent des contestations, dans lesquelles la masse est toujours forcée d'intervenir, et quelquefois des décisions contradictoires, et pourtant inévitables.

Tous ces inconvéniens cesseraient si l'époque de l'ouverture de la faillite n'était fixée qu'après la vérification des créances. Ce changement, qui est commandé par la nature des choses, offrirait d'ailleurs des avantages infiniment précieux ; puisqu'au lieu des contestations multipliées qui naissent de cette succession d'oppositions, le tribunal aurait à prononcer sur une question unique, question qui serait toujours parfaitement éclaircie par tous les renseignemens puisés dans la vérification même des titres.

Nous sommes arrivés aux dispositions de la loi qui prescrivent la marche à suivre pour terminer les contestations qui s'élèvent dans le cours des opérations.

Ces dispositions demandent une attention particulière. Les contestations qui s'élèvent dans une faillite n'ont pas seulement l'inconvénient de retarder l'arrangement définitif; elles entraînent aussi des frais extraordinaires dans une position qui réclame la plus stricte économie, et détournent les créanciers du cours de leurs occupations ordinaires.

C'est ici surtout qu'on voit tous les inconvéniens du système très-compliqué du code.

Ces inconvéniens sont de plusieurs sortes.

La séparation des diverses opérations de la faillite donne lieu à autant de procès séparés qu'il peut s'élever de contestations dans chacune de ces opérations.

On n'a pas songé non plus à restreindre le délai ordinaire de trois mois pour les appels. Il suit de là que les discussions qui peuvent avoir successivement lieu se prolongent d'une manière indéfinie, dans tous les cas sujets à l'appel.

Comme il paraît résulter enfin de la disposition restrictive de l'art. 512, que les opérations sont en général suspendues tant qu'il n'a pas été statué d'une manière définitive sur les contestations, la marche de la faillite peut être arrêtée, au grand préjudice des intérêts de la masse, par les difficultés élevées par quelque créancier isolé.

Il résulte enfin de tout cela que certaines faillites se prolongent pendant des années entières.

Ces courtes observations font voir combien les dispositions du code, qui concernent la procédure rigoureusement indispensable dans la faillite, ont besoin d'être modifiées et mieux appropriées à la nature de ces sortes d'affaires. Les changemens à faire dans la loi doivent avoir pour but de resserrer dans un cercle plus étroit toutes les difficultés qui peuvent s'élever dans le cours des opérations, et de réduire de beaucoup le délai ordinaire pour les appels.

Quelques-unes de nos lois sur la procédure civile nous offrent des modèles de ces procédures sommaires. C'est ainsi que pour terminer plus promptement les diverses contestations qui peuvent s'élever dans les saisies, dans les poursuites en expropriation, dans les ordres pour les distributions de prix entre divers créanciers, le code de procédure adopte des règles exceptionnelles de la procédure ordinaire.

Ces sortes d'affaires ont une très-grande analogie avec les faillites, sous le rapport de l'économie, de la simplicité et de la rapidité de la procédure. Les dispositions qui règlent ces divers objets s'adaptent donc parfaitement au régime des faillites. Nous croyons surtout qu'il serait on ne peut plus avantageux de concentrer dans une seule et même instance, comme cela a lieu en matière d'ordre, toutes les contestations qui peuvent s'élever, soit à l'occasion de la vérification des créances, soit pour la fixation de l'époque de l'ouverture de la faillite; ici du moins la loi commerciale peut faire un heureux emprunt à la loi civile.

Voici comment nous concevons l'organisation de cette procédure sommaire, en prenant pour point de départ le droit qui appartient à la réunion des créanciers de délibérer sur tout ce qui peut concerner les intérêts communs.

L'assemblée des créanciers, présidée par le juge commissaire, n'aurait pas seulement à s'occuper de la vérification des titres sous le rapport de leur validité; elle délibérerait aussi sur la fixation de l'époque de l'ouverture de la faillite, et sur la nature et l'étendue de chaque créance. Le tribunal de commerce statuerait ensuite sur toutes les décisions prises par l'assemblée.

Dans tous les cas où l'assemblée des créanciers offrirait la réunion de toutes les personnes intéressées dans faillite, la marche de la procédure serait extrêmement rapide. Le procès-verbal contiendrait, indépendamment des objets mentionnés dans l'art. 505 du code: 1° les contestations élevées sur la sincérité des titres produits; 2° la fixation de l'époque de l'ouverture de la faillite avec les dires des parties intéressées à contester cette fixation; 3° enfin, l'indication du jour fixé par le juge-commissaire pour faire son rapport au tribunal, la mention insérée au procès-verbal devant tenir lieu d'assignation pour toutes les personnes présentes à l'assemblée.

Au jour indiqué le juge-commissaire ferait son rapport; les commissaires représentant la masse, les créanciers contestans, le failli, pourraient présenter leurs observations; le tribunal fixerait ensuite par un seul et même jugement l'époque de l'ouverture de la faillite, et prononcerait, dans les limites de ses attributions, sur l'admission ou le rejet total ou partiel des créances contestées.

A l'égard des contestations qui ne seraient pas de la compétence du tribunal, elles seraient portées devant les tribunaux civils, où elles devraient toujours être instruites et jugées comme affaires sommaires.

Lorsque tous les créanciers n'auraient pas été présens à une première réunion, s'il se trouvait parmi les absens des créanciers dont les titres auraient été contestés ou qui auraient intérêt, à raison de leurs priviléges ou hypothèques, à combattre la fixation de l'époque de l'ouverture de la faillite, ils seraient sommés à domicile par les gérans de se trouver à la réunion définitive fixée par le juge-commissaire dans son procès-verbal. Cette sommation contiendrait copie d'un extrait du procès-verbal concernant, soit la fixation de l'époque de l'ouverture de la faillite, soit les contestations qui auraient été dirigées contre leurs titres de créance. Dans la réunion définitive, les créanciers ainsi assignés présenteraient leurs observations, l'assemblée délibérerait, et l'on observerait ensuite la marche ordinaire, pour mettre le tribunal à même de statuer sur les délibérations définitivement prises par l'assemblée des créanciers.

C'est ainsi que toutes les difficultés qui peuvent naître de l'opposition des intérêts divers seraient résolues en même temps, dans une seule et même instance, sauf la séparation inévitable résultant de la distinction des affaires commerciales d'avec les questions de droit qui sont de la compétence exclusive des tribunaux civils.

Cette procédure, simple et peu coûteuse, n'offrirait pas seulement le précieux avantage de procurer une grande économie de frais et de temps, elle aurait également pour résultat d'assurer une décision constamment mieux éclairée par le rapprochement simultané de tous les faits qui doivent influer sur la détermination des droits divers. Tous les créanciers se trouvant appelés pour prononcer en assemblée générale sur tous les intérêts, sur tous les droits généralement qui naissent de la faillite, on obtiendrait d'eux infailliblement une exactitude, un soin, une maturité dans les délibérations, qu'on ne peut attendre dans le système établi par le Code.

En suivant cette marche on ne diminuerait pas seulement le nombre des contestations, mais on rendrait aussi les pourvois contre les décisions du tribunal bien moins fréquens. D'abord il ne saurait y avoir lieu aux instances sur opposition, la décision du tribunal ne pouvant intervenir qu'après que toutes les parties auraient comparu ou auraient été déjà constituées en demeure. Par une suite de précautions prises lors de la première réunion, la décision du tribunal devenant contradictoire, on pourrait donc renfermer le droit d'appel dans un très-court délai, à partir de la prononciation du jugement; disons aussi que ce genre de pourvoi serait bien moins fréquent si la partie qui succombe dans son appel, indépendamment de l'amende ordinaire, était condamné en une amende au profit de la masse, laquelle serait employée en frais de gestion.

Il ne faut pas oublier non plus que toutes les précautions qui auraient été prises permettraient de rendre la décision du tribunal toujours exécutoire par provision. Alors les opérations ultérieures, et notamment le concordat, ne pourraient être retardées par les difficultés élevées par quelques créanciers, qui cherchent quelquefois à mettre des entraves aux arrangemens proposés par le failli. Il y aurait seulement une limitation juste et nécssaire à porter à cette disposition essentielle, dans les cas infiniment rares où les créances en litige excèderaient le quart en somme, ou telle autre quotité, de toutes les créances présentées à la vérification.

Nous avons parcouru les principales dispositions relatives à la marche et aux opérations de la faillite. Quoique ces dispositions soient purement réglementaires, elles ne sont pas moins une partie très-importante de la loi. Si nous sommes entré dans des détails quelquefois minutieux, c'est qu'ici les moindres détails sont importans; ils constituent à proprement parler, le régime de la faillite. Ce régime est destiné à procurer au commerce une marche rapide et sûre dans les diverses opérations de la faillite, une procédure peu compliquée, peu coûteuse, une prompte décision pour les difficultés qu'il n'est pas toujours possible d'éviter. Telles sont les conditions essentielles dont on ne peut s'écarter sans blesser des intérêts très-délicats, sans compromettre le succès même de la loi.

DES MESURES DE PRÉCAUTION PRISES DANS LES PREMIERS MOMENS DE LA FAILLITE.

La position délicate dans laquelle le failli se trouve placé au moment où se manifeste le désordre de ses affaires a fait sentir la nécessité de donner de nouvelles garanties aux créanciers ; c'est pour cela que le code a prescrit des mesures de précaution à l'égard de la personne et des biens du failli. Ces mesures peuvent avoir une influence marquée sur le résultat de la faillite ; nous allons les examiner séparément.

L'art. 455 prononce, sans distinction, la détention provisoire du failli. Pour justifier cette mesure sévère, on a dit (1) :

« Que la faillite était un délit, parce qu'elle con-
« stitue une violation d'engagemens et de propriétés ;

« Que le principe qui veut qu'on présume toujours
« l'innocence, ne saurait être applicable à cet état
« tout exceptionnel, qui arrête l'effet des lois protec-
« trices des engagemens ;

« Qu'il était nécessaire, enfin, d'attacher aux fail-
« lites une idée pénible et humiliante qui empêche
« qu'on s'en fasse un jeu. »

Tels furent les motifs qui déterminèrent l'ancien

(1) Voy. la discussion au conseil d'état : Esprit du code de commerce par M. Locré.

conseil d'état, motifs vraiment étranges, qui n'attestent que trop l'aveugle sévérité qui a plusieurs fois égaré les rédacteurs du code de commerce dans cette partie importante de leur travail.

Ces motifs ne peuvent soutenir un examen sérieux.

Les faillites ne sont-elles pas, en effet, l'inévitable résultat des chances malheureuses que présentent souvent les entreprises commerciales? Il est donc bien peu convenable au langage du législateur de qualifier de délit le résultat des pertes involontaires éprouvées dans le commerce; comme si les délits pouvaient être indépendans de l'intention qui fait seule la culpabilité; comme s'il était possible, par cela seul que des intérêts privés sont en souffrance, d'admettre que le malheur seul doive empêcher de présumer l'innocence d'un débiteur tombé en état de faillite.

Les premières notions du droit nous indiquent qu'il faut distinguer dans les faillites les intérêts purement civils, qui concernent les créanciers seuls, des intérêts d'ordre public qui peuvent légitimer les mesures sévères de la loi.

La simple insolvabilité d'un débiteur commerçant ne peut donc constituer un délit, ni aucune présomption quelconque de délit. Ces présomptions peuvent résulter sans doute des circonstances qui ont produit l'insolvabilité, lorsque ces circonstances sont de nature à faire supposer la fraude; mais lorsqu'il n'existe aucune circonstance de cette nature, lorsque le failli, loin de fuir les regards de la justice, se présente pour rendre un compte rigoureux de sa conduite, rien ne saurait lui enlever ce droit qui est assuré à tout membre de la société de ne pouvoir être privé de la liberté de sa personne, que sous les conditions qui sont prescrites par la loi.

Nous dirons ensuite qu'une mesure aussi rigoureuse ne peut avoir de fondement sur la nécessité prétendue d'attacher à la faillite une idée pénible et humiliante. Non, la société ne peut avoir aucun intérêt d'attacher une idée pénible et humiliante au malheur. L'incapacité prononcée contre le failli non réhabilité repose sur d'autres idées, a un but d'utilité réelle ; mais à l'égard de l'emprisonnement, c'est une sévérité purement gratuite ; cette sévérité est désavouée même par l'esprit général de la législation qui accorde au failli une protection et des secours, dans l'espoir qu'il peut être encore un membre utile de la société.

Il eût mieux valu dire que la détention provisoire du failli était fondée sur le droit qui appartient aux créanciers de s'assurer de la personne de leur débiteur, pour garantir qu'il aura la volonté de respecter ses engagemens ; mais ce prétexte, bien qu'il soit plus plausible, ne saurait non plus être admis, puisque la contrainte par corps est suspendue par le fait seul de la faillite; c'est qu'en effet elle n'a plus alors aucun but d'utilité.

Il est donc vrai que la détention provisoire du failli, de quelque manière que l'on veuille l'envisager, est un véritable contre-sens dans la loi.

Cette disposition est une des causes qui ont opposé le plus d'obstacle à son exécution. En général les créanciers ont eu de la répugnance à soumettre leur débiteur à une condition humiliante, qui leur paraissait injuste et dangereuse. Les débiteurs honnêtes ont éprouvé une répugnance plus invincible encore à se présenter eux-mêmes à l'emprisonnement. La crainte d'une si grande humiliation, qui sera toujours une flétrissure dans l'opinion, les a souvent empêchés de réunir leurs créanciers lorsqu'ils avaient encore assez de ressources pour pouvoir se rétablir à l'aide de quelques facilités. On a vu beaucoup de débiteurs, malheureux dans leur commerce, continuer à marcher dans une position qui est toujours une occasion de ruine pour un commerçant, et ne s'arrêter enfin que lorsque leurs affaires étaient tout-à-fait désespérées.

C'est alors que les faillites ont été désastreuses.

C'est ainsi qu'une mesure mal calculée a tourné contre les intérêts même des créanciers; qu'elle a compromis surtout l'existence de cette classe de débiteurs qui sont le plus dignes de l'intérêt, de la protection de la loi.

Quelles ont été sur ce point les dispositions admises dans les diverses législations?

Notre ancienne législation avait certainement prononcé des peines terribles contre les fraudes qui se commettent dans les faillites, mais l'ordonnance de 1673, au lieu de prendre des mesures rigoureuses contre le failli de bonne foi, lui donnait un sauf-conduit pour le soustraire aux rigueurs de ses créanciers.

En Angleterre, lorsque le failli se présente volontairement devant les commissaires de la faillite, il est garanti par cette démarche de toute détention jusqu'à son examen définitif; ce qui n'empêche pas qu'il puisse être arrêté pour être présenté aux commissaires, lorsqu'il se cache, ou lorsque les circonstances peuvent faire présumer qu'il prendra la fuite.

L'ancienne législation hollandaise était conçue dans le même esprit de modération.

La législation de Venise a été plus remarquable encore par un caractère de modération et d'indulgence. Là, la conduite du failli était appréciée d'après sa position; malgré qu'il eût pris la fuite dans les premiers momens de scn désastre, il pouvait dans les cinq jours faire parvenir au greffe des consuls son bilan et ses livres; en remplissant cette condition, il était considéré comme s'étant absenté sans aucune intention de fraude.

Lorsqu'on a parcouru ces diverses dipositions, on aurait certainement lieu de s'étonner que notre nouveau Code commercial se soit montré si sévère envers les débiteurs, si l'on ne se rappelait les circonstances qui expliquent cette sévérité excessive, dont aucune législation, si ce n'est l'ancienne législation de Florence, n'avait donné l'exemple jusqu'alors.

Cherchons maintenant ce qui peut être véritablement utile et juste, à l'gard de la personne du failli.

C'est surtout ici, où il s'agit d'une mesure de très-grande importance pour le failli, qu'on ne doit pas s'écarter des principes qui ont dirigé le législateur dans l'ensemble des dispositions de la loi des faillites.

« Cette loi, a dit l'orateur du gouvernement, doit « encourager la probité, secourir le malheur, cor- « riger l'inconduite et punir le crime, elle doit être

« indulgente pour les uns, inexorable pour les autres, *juste pour tous.* » Ce principe de justice, qui est comme l'ame de toutes les dispositions de la loi, n'exige-t-il donc pas qu'on fasse une distinction entre le débiteur honnête, qui va au-devant de toutes les explications qu'on peut exiger sur sa position, et celui dont la conduite présente toutes les apparences de la fraude ?

La malheureuse position du failli mérite bien aussi d'être prise en considération. Sous ce rapport, les vues qui ont présidé aux dispositions des lois qui ont adopté un principe opposé à celui du code, le sentiment d'indulgence, surtout, qui avait inspiré la disposition de l'ancienne loi de Venise, partent d'une observation très-éclairée des impressions qui agissent ordinairement sur l'esprit d'un débiteur forcé de manquer à ses engagemens; certainement ces vues sont bien plus conformes à l'esprit général de la loi des faillites; car, si la situation du failli le place sous la protection de la justice, c'est une conséquence que la justice l'accueille avec bienveillance, qu'elle l'encourage, qu'elle lui prouve tous les moyens d'éclairer sa position et de justifier sa conduite.

Il nous semble donc qu'on pourrait accorder au failli sa liberté provisoire, en lui imposant la condition expresse de se présenter volontairement au moment de la déclaration de faillite, de déposer au greffe tous ses livres, les clefs de ses magasins, de ses comptoirs, avec le bilan de sa situation. A coup sûr on servirait par là les intérêts des créanciers bien mieux que ne fait le code, en prenant indistinctement une mesure rigoureuse, par cela même souvent injuste, qui ne procure d'ailleurs aucune garantie nouvelle contre les débiteurs de mauvaise foi.

En établissant ainsi une distinction en faveur des débiteurs qui se présentent loyalement aux regards de la justice, on ferait cesser toute négligence réelle ou calculée dans l'accomplissement d'une des conditions les plus importantes dans la faillite. Ce serait un moyen infaillible d'obtenir plus promptement et plus généralement tous les documens nécessaires pour connaître le véritable état de la faillite, de discerner de suite les faillis dont la conduite doit être soumise à une surveillance rigoureuse, et ceux qui méritent la confiance de la justice.

Cette mesure serait donc toujours utile, favorable aux intérêts des créanciers, juste envers tous; elle ne pourrait d'ailleurs entraîner aucun inconvénient dans l'application, puisque la liberté provisoire ne doit être conservée au failli qu'autant que l'examen de ses affaires ne fournit aucun indice de fraude.

Cette mesure avait été indiquée par les commissaires réformateurs de l'ordonnance de 1673 (1); si elle était adoptée lors de la révision de la loi du code, on aurait aussi à examiner deux questions secondaires qu'il suffit d'indiquer.

La première est celle de savoir si la liberté provisoire, accordée au failli qui se présente au moment de l'ouverture de la faillite, doit profiter également au

(1) Projet de réforme de l'ordonnance de 1673, tit. des faillites.

failli qui a différé pendant quelques jours de se présenter, sans qu'il ait eu aucune intention de fraude.

La seconde question concerne la défense qui était faite au failli, dans quelques villes d'Italie, de sortir de son domicile sans le consentement de ses créanciers, ou sans la permission du juge.

Les mesures prises à l'égard des biens du failli donnent lieu d'examiner une question qui n'est pas sans intérêt ; c'est celle de savoir s'il ne serait pas convenable, tout en maintenant le principe du dessaisissement prononcé par le code, d'autoriser le failli à continuer dans certains cas les opérations de son commerce, au nom et dans l'intérêt de la faillite ?

Pour sentir toute l'importance de cette question, il suffit de remarquer que c'est la suite des relations d'une maison qui forment son existence commerciale ; or, ces relations sont presque toujours le résultat lent et tardif d'une longue suite d'opérations, de sacrifices prolongés pendant plusieurs années.

La correspondance d'une maison de commerce est donc une portion de son avoir et souvent une portion considérable. Cela n'est pas seulement vrai pour ces sortes d'établissemens qui vivent pour ainsi dire sur la confiance qu'on accorde à celui qui les dirige, pour les manufactures et autres genres d'entreprises qui exigent des connaissances spéciales et éprouvées. Cette condition existe pour tous les degrés de l'échelle commerciale ; elle existe plus rigoureusement encore pour le marchand de détail qui a son débit journalier, pour l'entrepreneur de travaux et fournitures qui a une achalandise assurée ; toutes ces personnes trouvent sur cette garantie le crédit dont elles ont besoin pour alimenter leur commerce.

On voit par là comment une interruption prolongée dans les opérations d'une maison de commerce doit compromettre son existence. Il ne faut pas s'étonner si les lenteurs inséparables du régime adopté par le code ont eu pour résultat le plus ordinaire d'entraîner la perte du fond de commerce du failli.

Il est donc arrivé que la situation de la faillite s'est de plus en plus détériorée en passant par la filière des gestions successives et des nombreux délais résultant de la marche tracée par le code. Les intérêts des créanciers ont toujours souffert plus ou moins d'un pareil état de choses. Lorsqu'il n'y a pas eu de concordat, l'actif s'est trouvé diminué par la perte du fond de commerce du failli. L'inconvénient n'a pas été moins grave, même lorsqu'il y a eu un concordat. Le débiteur qui avait compté sur les ressources que son commerce lui fournissait avant la faillite, ne trouvant plus qu'un établissement ruiné, il lui a été impossible de remplir les engagemens contractés par le concordat. Cette situation a produit des désordres d'autant plus graves que le failli se voyait privé de tout espoir du rétablissement.

Tels sont les effets ordinaires du dessaisissement.

En faisant cette observation nous ne voulons point méconnaître que le dessaisissement soit une mesure juste et sage. Loin de là ; il faut une garantie pour la conservation du gage des créanciers ; or cette garantie résulte du dessaisissement qui empêche que le débiteur affecte à de nouveaux engagemens des biens qui ne sauraient plus être sa propriété exclusive. Nous voulons seulement indiquer comment les vues qui ont dirigé les auteurs de l'ordonnance de 1673 et les rédacteurs du code les ont conduits à des dispositions beaucoup trop absolues, dans un sens opposé.

L'ordonnance de 1673 et les déclarations postérieures qui forment notre ancienne législation sur les faillites, avaient toujours maintenu le failli en possession de ses biens, malgré les nombreux inconvéniens qui en résultaient. Cette législation avait cherché à entourer les créanciers et le failli de toutes les précautions propres à garantir tous les intérêts légitimes; mais elle avait adopté, comme règle fondamentale, la continuation de la possession du propriétaire, tant qu'il n'en était point dépouillé par un arrangement définitif.

Le code de commerce, au contraire, rattache le dessaisissement du failli au fait seul de la déclaration de faillite; au lieu que sous l'ordonnance de 1673 la propriété ne pouvait changer de main qu'à la suite d'un réglement de droit volontaire ou forcé, sous le code, le failli se trouve dessaisi de plein droit et ne peut être réintégré dans sa propriété que par un accord volontaire.

Les rédacteurs du code de commerce ont été surtout frappés des dangers de la liberté indéfinie laissée au failli. Préoccupés par cette idée, il n'ont pas vu les dangers même de la dépossession; mais aujourd'hui que l'expérience a fait connaître les inconvéniens qui sont particuliers à chacun de ces systèmes, on doit sentir la nécessité d'apporter quelques modifications aux dispositions du code.

Nous croyons que le principe du dessaisissement peut être organisé de manière à ménager les droits et les intérêts divers de la faillite.

Sans doute ces intérêts ne permettent pas toujours que le failli conserve la libre administration de ses biens; mais quelquefois aussi ils paraissent exiger que l'administration lui soit confiée. C'est donc aux parties intéressées qu'il appartient de prononcer, de prendre toutes les mesures convenables, d'après les circonstances qui sont nécessairement variables.

On peut donc, sans attendre le concordat, accorder à la majorité des créanciers la faculté d'autoriser le failli à reprendre, soit seul, soit conjointement avec les gérans responsables, l'administration de ses affaires, non pas comme propriétaire, puisque le dessaisissement a paralysé le droit de propriété dans ses mains, mais comme administrateur des intérêts de la faillite.

Pour parvenir à une délibération qui concerne des droits purement provisoires, il ne serait même pas nécessaire d'attendre la vérification des titres de créance; cependant, comme il faut une garantie qui tienne lieu de la vérification des titres, il est nécessaire que l'administration ne puisse être accordée au failli que par une grande majorité de créanciers présens ou représentés, convoqués pour cet objet.

En partant de ce principe, les pouvoirs d'administration confiés au failli pourraient être déterminés d'après une distinction entre la gestion proprement dite et la simple participation à la gestion des administrateurs responsables. Ainsi, par exemple, le consentement des trois quarts en sommes des créanciers connus suffirait pour autoriser le failli à prendre part à l'administration des gérans nommés par le tribunal; mais le pouvoir de gérer seul, toujours sous la surveillance des commissaires, ne pourrait être attribué au failli que par une majorité de créanciers représentant les quatre cinquièmes en sommes.

Cette marche offrirait de nombreux avantages ; d'abord elle procurerait une grande économie dans les frais de gestion, toutes les fois surtout que l'assemblée des créanciers aurait jugé convenable de réintégrer le failli dans l'administration de ses affaires. Dans tous les cas l'administration pouvant être, sinon entièrement dirigée, éclairée du moins et facilitée par la participation active du failli, elle procurerait une disposition mieux étendue et plus avantageuse de toutes les ressources de la faillite; en conservant au failli son fonds de commerce, cette marche lui donnerait des moyens plus étendus pour traiter avec ses créanciers, un espoir mieux fondé de rétablir ses affaires.

Remarquez que tout ceci est conforme à l'esprit général de la loi : on ne peut méconnaître, en effet, que toutes les dispositions du code aient été dirigées dans l'intention de faciliter le concordat. Ce serait donc une erreur de supposer que les créanciers ne doivent accorder aucune confiance à leur débiteur. Cette confiance est nécessaire toutes les fois que la conduite du failli ne fournit aucun indice de fraude, puisque en définitive cette confiance seule peut faire espérer l'exécution des engagemens contractés par le concordat.

Lors donc qu'on a pris, dans les premiers momens de la faillite, les renseignemens les plus exacts sur l'actif de la faillite, que cet actif est constaté, et que le failli se présente avec tous les caractères de la bonne foi, on ne saurait trop tôt le mettre à la tête de ses affaires, en prenant d'ailleurs toutes les précautions propres à empêcher que cette administration ne dégénère en abus (1).

Des dispositions dirigées dans ce sens pourraient procurer les avantages, extrêmement précieux pour le failli, qui étaient attachés à l'ordonnance de 1673, sans sacrifier les garanties, non moins nécessaires, qui sont assurées par le dessaisissement prononcé par le code.

(1) Ces observations s'appliquent aussi aux dispositions du code concernant les scellés. L'apposition des scellés n'est pas toujours utile. L'ancienne législation ne l'ordonnait qu'en cas de décès ou d'absence du failli ; cette formalité entraîne trop d'entraves et de frais pour qu'elle ne doive pas être limitée aux cas rigoureusement nécessaires.

DE L'ADMINISTRATION DANS LA FAILLITE.

Les dispositions qui établissent les règles d'administration doivent être conçues de manière à empêcher les abus qui se commettent ordinairement dans toute gestion d'intérêts collectifs ; ces abus sont surtout à craindre au milieu du désordre inséparable de l'état de faillite.

Lorsqu'on discuta cette partie du Code au conseil d'état, la pensée qui domina dans la discussion, ce fut d'éviter que les créanciers ne restassent étrangers à leurs propres affaires ; tous les autres intérêts furent écartés pour conserver aux créanciers la plus grande influence sur l'administration. Mais d'un autre côté, on avait senti la nécessité de scruter les titres par la vérification, avant d'admettre les créanciers à exercer aucune espèce de droits. Ces raisons firent donc établir trois administrations successives et distinctes, dont voici les règles générales.

Tant que les créanciers ne sont point reconnus, ils n'ont aucune influence sur les affaires de la faillite ; la gestion, pour tous les actes conservatoires, est exclusivement confiée à des agens nommés par le tribunal (art. 454 et 459).

Après que la confection du bilan a procuré la liste des créanciers, sur une liste triple présentée par eux, le tribunal nomme des syndics provisoires ; ces syndics prennent la gestion avec des pouvoirs étendus pour tout ce qui a trait aux intérêts purement mobiliers (art 480, 486, 492).

Lorsqu'enfin les droits des créanciers sont irrévocablement fixés par la vérification des titres, s'il n'intervient point de concordat, l'union nomme ses syndics définitifs chargés de la représenter et d'agir pour elle, pour tous les intérêts concernant la faillite (art. 527, 528, 532, 559, et 564).

A côté de ces administrations successives la loi établit un contrôle exclusivement placé dans les mains du juge-commissaire (art. 458, 463, 464, 492, et 528). Les créanciers et le failli n'ont personnellement aucun droit de surveillance, hors le cas de malversation grave prévu par l'article 495.

Les vices de cette organisation deviennent frappans lorsqu'on suit la marche des opérations diverses qui peuvent avoir lieu dans une faillite.

Son premier inconvénient est d'entraver la marche de la faillite, par les nominations successives des gérans, des syndics provisoires, des syndics définitifs, et par les redditions de compte qui doivent avoir lieu dans le passage d'une administration à l'autre.

En second lieu, la distinction établie entre la gestion purement conservatrice des agens, et l'administration plus étendue des syndics, est contraire aux vues d'une bonne administration. Pour nous arrêter à un exemple unique, parmi les nombreux inconvéniens qui en résultent, l'article 486 renvoie la levée des scellés et la confection de l'inventaire, après la nomination des syndics; il résulte de là qu'il faut attendre souvent un mois, avant de pouvoir faire le rapprochement de l'état réel de la faillite résultant de l'inventaire avec le bilan dressé par le failli. Ce retard empêche donc qu'on puisse acquérir de suite la connaissance parfaite des affaires du failli; connaissance qu'on ne peut obtenir que du rapprochement de toutes les pièces, et qu'il serait pourtant essentiel d'avoir sans retard, dans l'intérêt des créanciers comme dans l'intérêt de la vindicte publique.

Tels sont les principaux inconvéniens qui se présentent par rapport à la marche générale de la faillite. Si nous examinons ensuite l'influence de ce système d'administration sur les résultats même de la gestion, nous trouverons des inconvéniens non moins graves dans la manière dont les divers pouvoirs sont distribués.

Ces pouvoirs se divisent en pouvoirs d'administration et droits de surveillance.

On a conféré exclusivement aux créanciers le pouvoir d'administrer, parce qu'on a supposé que la gestion ne pouvait être mieux placée qu'entre les mains de ceux qui sont le plus intéressés à son résultat. On n'a pas fait attention que si l'administration ne doit pas être placée hors de l'influence de la masse des créanciers, elle n'appartient pas pour cela à chaque créancier individuellement. L'expérience fait voir, au contraire, que chaque créancier croit avoir un intérêt opposé à celui de la masse.

D'autre part aussi, les créanciers sont peu propres à gérer pour un intérêt collectif; ils ne peuvent avoir l'activité indispensable ni offrir la responsabilité nécessaire pour garantir une bonne administration. Les affaires de la faillite sont trop multipliées, trop minutieuses, elles entraînent trop de soins, pour espérer que des créanciers, occupés avant tout de leurs propres affaires, y mettent toute l'attention qu'elles peuvent exiger. S'il y a négligence ou impéritie de leur part, il n'est pas possible de les soumettre à cette responsabilité rigoureuse qui doit obliger tout mandataire de la chose d'autrui, puisqu'ils administrent dans leur propre chose. Leur titre d'ailleurs ne permet pas d'espérer qu'on puisse exercer envers eux cette surveillance active, qui peut seule garantir l'exactitude et la fidélité de la gestion. Quelles sont les personnes qui exerceront cette surveillance? Sera-ce le juge-commissaire, dont l'opinion a dû déterminer le choix du tribunal? Seraient-ce d'autres créanciers qui, comme le supposerait l'article 495, pourraient prendre un parti rigoureux, envers des personnes avec lesquelles elles peuvent avoir d'autres rapports d'affaires? ce ne sera certainement pas le failli, toujours placé dans un état de dépendance complète à l'égard des syndics.

Lors donc qu'on examine avec quelque attention les rapports extrêmement compliqués qui existent entre les diverses personnes intéressées dans une faillite, lorsque l'on considère surtout la complication d'intérêts opposés dans la personne des créanciers gérans, on voit combien est erronée l'opinion qui suppose que l'administration ne peut être mieux placée que dans les mains de syndics choisis parmi les créanciers.

Les inconvéniens que nous venons de remarquer par rapport à la gestion se reproduisent d'une manière plus sensible encore à l'égard du droit de surveillance attribué au juge-commissaire.

Si l'on fait attention aux opérations multipliées qui dépendent de la gestion, il est impossible d'espérer que cette surveillance, confiée au juge-commissaire, puisse être véritablement utile : pour qu'elle soit efficace, elle doit embrasser les actes les plus minutieux de cette gestion ; mais s'il est vrai que les créanciers ne soient pas propres à l'administration, par cela spécialement qu'ils ne peuvent y consacrer tout le temps nécessaire, à plus forte raison doit-il en être de même quant à la surveillance de juge-commissaire, du juge-commissaire qui n'a point un intérêt direct à la faillite, qui réunit au soin de ses affaires personnelles les importantes occupations de l'audience.

Lorsqu'on songe que dans les grandes places de commerce, où le nombre des juges est déjà très restreint en comparaison de la multiplicité des affaires, chaque membre du tribunal est en outre chargé de surveiller un certain nombre de faillites, il est impossible de ne pas voir que cette surveillance est complètement illusoire. C'est donc évidemment sans aucune espèce de compensation, que le code a dénaturé l'institution de la magistrature commerciale, en lui imposant des devoirs qui sont incompatibles avec son caractère.

Il est généralement reconnu, parmi les personnes qui ont quelque expérience des affaires commerciales, que toute cette théorie du code n'a produit qu'une mauvaise organisation qui a eu dans l'exécution les plus tristes résultats. La surveillance des juges-commissaires a été presque toujours sans utilité. On n'a trouvé le plus ordinairement dans les syndics qu'incapacité ou négligence. Malgré le dessaisissement prononcé par la loi, les faillis ont eu les plus grandes facilités pour soustraire une partie de leur avoir à la main-mise de la justice. Les ressources qu'ils se sont ainsi ménagées leur donnant les moyens de favoriser les syndics, ils ont obtenu leur silence; trop souvent on a vu ces syndics, insoucians des intérêts confiés à leurs soins, infidèles à leur mission, consentir à ce honteux partage des valeurs dérobées par le failli à la masse des créanciers. Ces crians abus sont devenus notoires sans qu'on ait pu les arrêter.

Des désordres aussi continuels ont créé des habitudes contraires à la bonne foi qui doit régner dans le commerce; il est aujourd'hui presque généralement admis comme règle de conduite, que le parti le plus sûr dans une faillite c'est d'arracher quelques valeurs au débiteur; l'expérience a presque toujours prouvé, si ce n'est l'équité, du moins l'utilité de cette règle, parce que les créanciers de bonne foi ont eu rarement la volonté d'ajouter le tracas d'un procès aux embarras déjà assez grands d'une faillite (1).

(1) Nous devons rappeler un fait qui pourra étonner, c'est qu'on

Il est donc indispensable de changer un mode d'administration qui, loin d'atteindre le but qu'on s'était proposé, a eu les conséquences les plus fâcheuses pour la morale du commerce.

On a dit avec raison que l'administration de la faillite ne peut être convenablement placée qu'entre les mains de personnes qui en doivent faire leur affaire spéciale et exclusive.

Doit-on adopter dès-lors l'institution des curateurs aux faillites qui avait été proposée par les commissaires chargés de préparer le projet du code ?

On sait que cette institution est admise dans plusieurs législations étrangères. En Angleterre où l'on a créé des commissions spéciales pour les faillites, on a établi, sous la surveillance des commissaires, des agens spécialement chargés de la gestion. D'après l'ancienne législation de la Hollande, les commissions pour les faillites y existaient aussi sous le nom de chambre des fonds désolés. Tout ce qui tient à l'adminis-

ne saurait mieux faire que de recourir à la discussion qui a précédé l'adoption des dispositions du code pour se diriger dans la recherche des améliorations à apporter au système d'administration de la faillite. On trouvera cette discussion dans le cinquième vol. de l'Esprit du code de commerce par M. Locré : il n'est pas de partie de ce titre important du code qui ait été discutée avec un soin plus consciencieux, il est peu d'idées utiles qui n'aient été présentées dans le cours de cette discussion. par une de ces fatalités qui sont quelquefois attachées aux délibérations publiques, ou peut-être aussi parce qu'on n'avait pas assez consulté l'expérience des faits, la majorité du conseil fut entraînée à adopter, parmi les divers systèmes proposés, celui qui était le moins propre à conduire au but qu'on voulait atteindre.

tration n'était pas confié aux créanciers mais à des administrateurs responsables soumis à un cautionnement. Les devoirs de ces mandataires étaient tracés avec soin par un réglement d'administration publique.

Relativement à l'ancienne législation de Hollande il est une circonstance remarquable, c'est que les curateurs pour les faillites avaient été admis par le commerce long-temps avant d'avoir été établis par l'autorité. On avait éprouvé les effets les plus salutaires de cette institution ; ce fut sur l'expresse demande du commerce d'Amsterdam qu'elle fut régularisée par les anciens Etats de Hollande (1). Une indication aussi positive de l'expérience ne doit pas être négligée.

Ces curateurs doivent-ils être érigés à titres d'office ou doit-on laisser la plus grande latitude aux créanciers dans leur choix? c'est un point qu'il importe aussi de fixer.

Lorsqu'on a créé les agens provisoires dans les faillites, on s'est attaché à éviter que cette mission constituât un état habituel et permanent dans la société. C'est par suite de cette idée que l'art. 456 veut que les mêmes personnes ne puissent être nommées deux fois agens dans le cours de la même année, à moins toutefois qu'elles n'y soient intéressées comme créanciers de la faillite. On ne pouvait partir assurément d'une idée plus fausse. Quelle garantie morale peuvent donc offrir des personnes qui n'ont point une occupation détermi-

(1) On peut voir le préambule de cette ordonnance qui est rapportée dans l'ouvrage de J. Pierre Ricard sur le négoce d'Amsterdam.

née, qui peuvent consentir à accepter un pareil mandat sans avoir aucun espoir d'être dédommagés de leur fidélité, de leur exactitude dans leur conduite par la confiance habituelle du tribunal de commerce?

On a voulu, disait-on, éviter de créer une profession qui ne pourrait exister que par les désastres du commerce; mais combien de professions utiles et honorables dans la société qui n'ont pas d'autre principe d'existence! Les dangers qui résultent de la nature même de ce mandat n'indiquent-ils pas au contraire le besoin d'une forte garantie, garantie qu'on ne peut obtenir qu'au moyen d'une organisation régulière?

Ce qu'on peut donc faire de mieux dans l'intérêt bien entendu du commerce, c'est de revenir à l'établissement de curateurs aux faillites qui avait été proposé par la commission. On pourrait créer un certain nombre de curateurs aux faillites dans les grandes places de commerce où ils peuvent être habituellement occupés. Pour les villes moins importantes il suffirait d'attribuer ces fonctions à des personnes déjà entourées de la confiance publique, par exemple à des notaires. Si tous ces officiers étaient assujettis à fournir un cautionnement, s'ils étaient placés sous la surveillance immédiate du ministère public, ils offriraient par cela même toutes les conditions de capacité, d'ordre et de probité qui ont toujours été la règle des compagnies soumises à une discipline sévère.

Nous n'avons pas besoin de faire observer que ces curateurs ne doivent être que de simples mandataires chargés d'administrer les affaires de la faillite, seuls ou conjointement avec le failli (1). Leurs devoirs doivent être tracés avec soin par un réglement d'administration publique. Il est nécessaire surtout de les soumettre à une comptabilité très-rigoureuse, ainsi que cela se pratiquait à Amsterdam, où ces officiers en prenant la suite des affaires du failli, devaient arrêter les livres contradictoirement, et continuaient les écritures avec toute la régularité d'une maison de commerce.

Une organisation semblable est sans contredit préférable au système du code. En procurant le précieux avantage d'une administration unique et homogène depuis le premier moment de la faillite jusqu'aux arrangemens définitifs, elle assure en même temps cette responsabilité rigoureuse qu'on est toujours en droit d'exiger d'un mandataire de justice chargé de gérer la chose d'autrui.

On objectera peut-être que cette institution peut blesser les intérêts du commerce, soit en appelant l'intervention de l'autorité pour l'administration d'intérêts qui peuvent se suffire eux-mêmes, soit en imposant aux créanciers des frais inutiles pour la gestion.

Mais en créant des curateurs chargés d'administrer les faillites, toutes les fois que les créanciers ne jugent pas convenable de laisser cette administration au débi-

(1) La commission chargée de préparer le projet du code de commerce, en créant les curateurs aux faillites, avait donné à ces curateurs non-seulement le droit d'administration, mais tous les pouvoirs judiciaires qui appartiennent au ministère public. Il est à remarquer que cette dangereuse confusion ne contribua pas peu à faire rejeter l'une et l'autre institution.

teur, l'autorité ne s'immisce pas dans les affaires de la faillite ; elle ne fait que donner aux créanciers, ainsi qu'au failli, une garantie que les circonstances rendent nécessaire.

C'est pour ce même motif qu'on a créé pour d'autres besoins d'autres classes d'officiers publics, tels que notaires, avoués, agens de change, courtiers, etc., etc., sans que pour cela on ait reproché à l'autorité de s'immiscer dans les affaires des citoyens. Les réglemens auxquels sont assujettis certains emplois dans la société sont établis pour la sécurité du public. Cette condition est indispensable pour le bon ordre. On a voulu s'en écarter en posant les règles concernant l'instruction des affaires devant les tribunaux de commerce, et pourtant, malgré les dispositions prohibitives de la loi, la force des choses a conduit à une organisation régulière d'un certain nombre de défenseurs désignés à la confiance du commerce, sous le titre d'agréés.

Quant aux frais que peuvent occasioner ces mandataires étrangers, ce n'est pas un motif pour renoncer aux avantages d'une administration régulière.

Il faut bien se pénétrer, nous ne saurions trop insister sur ce point, que l'administration dans la faillite sera véritablement économe des intérêts des créanciers, non parce qu'elle sera gérée sans frais, mais si elle l'est avec l'intelligence, avec tous les soins, avec l'exactitude nécessaires pour assurer le meilleur emploi des ressources de la faillite. Or, s'il est vrai qu'un avantage aussi précieux doive être assuré par une administration régulièrement organisée, il est vrai aussi que les administrations gratuites sont sous ce rapport les pires de toutes les administrations.

Remarquons d'ailleurs que dans un système qui aurait pour résultat d'abréger de beaucoup la durée de la faillite, la mission des curateurs ne serait autre que celle des agens provisoires établis par le code, avec quelques garanties de plus.

La condition essentielle pour obtenir une bonne administration, c'est l'établissement d'un contrôle de surveillance placé auprès des gérans pour assurer l'exactitude et la fidélité de la gestion. C'est ici surtout qu'on reconnaît combien la gestion de mandataires est préférable à la gestion des syndics.

Le droit de contrôler l'administration de la faillite ne saurait être mieux placé sans doute qu'entre les mains de ceux qui ont le plus d'intérêt à empêcher les abus. C'est dès lors aux créanciers, représentés par ceux qui sont le plus intéressés dans la faillite, qu'appartient nécessairement le droit de surveiller l'administration.

Ce contrôle peut être facilement organisé dès les premiers momens de la faillite. Il suffit que le jugement qui prononce la déclaration de faillite désigne plusieurs créanciers chargés de représenter la masse, d'agir contradictoirement avec le curateur dans les premiers actes qui fixent la situation de la faillite, et de surveiller ensuite les opérations ultérieures. Ces commissaires seraient choisis parmi les créanciers les plus intéressés, sur la liste que le failli doit être tenu de de déposer lorsqu'il fait sa déclaration, ou parmi les créanciers poursuivans lorsque la déclaration de la faillite serait poursuivie par les créanciers ; il ne peut y avoir ici, comme lorsqu'il s'agit d'administration, aucun inconvénient d'appeler des créanciers avant que les titres aient été vérifiés.

Ce mode de surveillance procure plusieurs avantages marqués. Il appelle les créanciers dès les premiers momens de la faillite, non pour administrer, mais pour surveiller une administration régulièrement organisée; avantage inappréciable, si l'on considère que c'est dans les premiers momens qu'il se commet ordinairement le plus d'abus. Cette surveillance d'ailleurs est bien mieux exercée par les créanciers que par le juge-commissaire, ou par toute autre personne étrangère aux intérêts de la faillite. Les commissaires choisis parmi les créanciers ont un intérêt direct à empêcher les abus ; ils peuvent exercer un contrôle sérieux, qui, pour eux, se borne presque toujours à une seule affaire. Vis-à-vis de mandataires salariés, ils sont placés dans une parfaite indépendance qui doit rendre le contrôle plus efficace. Enfin, le failli lui-même, à l'égard du curateur, exerce une surveillance rigoureuse; ce qui ne lui est guère possible dans le système du code, quoiqu'il ait certainement plus d'intérêt que personne à empêcher les abus.

Il semble que ce système d'administration, formé du concours de deux pouvoirs distincts convenablement distribués, présente les deux garanties réclamées par les intérêts des créanciers et du failli.

D'une part, il constitue une administration éclairée,

active, surveillée par les parties intéressées à son résultat, et sérieusement responsable.

D'autre part aussi, en écartant les créanciers de la gestion proprement dite, il éloigne toute influence contraire aux intérêts de la masse.

Ce système n'est point nouveau ; il est adopté depuis long-temps par le commerce dans tous les cas analogues; dans les sociétés anonymes, par exemple, où l'administration est ordinairement confiée à des administrateurs étrangers et responsables, surveillés par les personnes les plus intéressées au résultat de leur gestion. L'expérience a fait voir que c'est encore là le meilleur mode d'administration possible pour des intérêts collectifs qui concernent un certain nombre de personnes.

DES POUVOIRS JUDICIAIRES QUI DOIVENT FORMER LA JURIDICTION DES FAILLITES ET DES BANQUEROUTES.

La connaissance des faillites attribuée aux tribunaux de commerce a pour but de placer les créanciers et le failli sous la protection de la justice, de terminer promptement les contestations qui peuvent s'élever, d'assurer la répression de la fraude, trois objets parfaitement distincts, qui indiquent naturellement les diverses espèces de pouvoirs qui doivent constituer cette juridiction particulière.

Cette réunion d'attributions aussi diverses a fait douter que les tribunaux de commerce soient placés de manière à pouvoir apprécier convenablement les rapports extrêmement compliqués qui résultent de l'état de faillite; de là les commissions spéciales qu'on trouve établies chez deux peuples voisins. Ces commissions, proposées lors de la discussion du titre des faillites, ont été rejetées de notre code, avec juste raison. On sait que les commissions pour les faillites et banqueroutes, établies en Angleterre, consument en frais le gage des créanciers; qu'elles offrent d'ailleurs une dangereuse réunion des pouvoirs administratifs et judiciaires (1).

(1) Les faillites étaient régies en Angleterre par plus de trente

Les dispositions du code sont bien mieux adaptées aux bases de notre ordre judiciaire. Les tribunaux de commerce et les tribunaux civils ont seuls le pouvoir de prononcer, dans les limites de leurs attributions respectives, sur les droits qui peuvent être mis en litige dans le cours des opérations. Dans le sein des tribunaux de commerce sont en outre établis des juges-commissaires chargés de présider les réunions de créanciers, et de faire leur rapport sur toutes les contestations qui peuvent s'élever. Ces délégués du tribunal, assistant à toutes les opérations de la faillite, doivent acquérir une parfaite connaissance de tous les faits; dans les rapports intimes et suivis qu'ils ont, soit avec les gérans, soit avec la masse des créanciers, ils préparent avec maturité tous les élémens d'une décision éclairée, qu'on ne pourrait obtenir d'un tribunal qui resterait étranger aux détails de la faillite : heureuse institution, qui réunit tous les avantages du système anglais aux précieuses garanties qu'offrent nos institutions judiciaires, et qui se trouvait indiquée en termes presque identiques dans la déclaration royale du 13 septembre 1739.

statuts différens, lorsque tous ces statuts ont été fondus dans un statut général sous le règne du dernier roi George IV. Ce statut, qui forme le dernier état de la législation anglaise sur les faillites, présente plusieurs changemens importans. Il laisse pourtant subsister le système des commissions; mais les jurisconsultes éclairés de l'Angleterre se plaignent des vices de leur législation sous ce rapport. Les nombreux abus qui se commettent par les commissaires aux faillites ont été signalés dans un article remarquable, qui a paru récemment dans le journal de jurisprudence anglaise intitulé : Le Jurisconsulte (The Jurist).

Telles sont les dispositions principales qui, combinées avec le système de l'administration, de la marche et des opérations de la faillite, constituent les deux premières branches de la juridiction des faillites.

Nous avons seulement à remarquer sur cette partie de la loi, qu'il serait peut-être nécessaire de conférer au juge-commissaire le droit de prononcer sur toutes les difficultés relatives à l'administration de la faillite, en réservant au tribunal le droit exclusif de statuer sur les demandes en homologation, et sur les droits des créanciers et du failli toutes les fois que ces droits seraient mis en litige. Cette extension des pouvoirs du juge-commissaire aurait le double avantage d'épargner des frais et d'accélérer la marche des opérations.

Pour compléter ce système de juridiction, il reste maintenant à constituer une autorité assez forte pour assurer l'exécution de la loi et la répression des fraudes et des banqueroutes.

Cet objet, d'une très-grande importance, exige un examen particulier.

Généralement on n'a pas assez connu ni bien apprécié notre ancienne législation sur les faillites. Pour être sûrement jugée, cette législation doit être vue dans son ensemble ; avec un caractère de très-grande simplicité, elle était moins défectueuse par un défaut de prévoyance que par l'absence des dispositions secondaires, propres à assurer l'exécution de ses dispositions principales.

L'ordonnance de 1673 avait d'abord imposé au failli l'obligation de fournir à la réunion de ses créanciers un état exact et certifié de sa situation active et passive; il devait y joindre tous ses livres et registres.

La déclaration du 11 janvier 1716 vint ajouter à ces dispositions les améliorations indiquées par l'expérience, telles que celle du dépôt au greffe de toutes les pièces, qui, d'après l'ordonnance de 1673, devaient être seulement remises aux créanciers.

Enfin la déclaration du 13 sept. 1739 avait complété le système en défendant d'homologuer aucun concordat, avant que les titres des créanciers et du failli, avant que le failli, que les créanciers eux-mêmes n'eussent subi un examen sérieux devant une commission déléguée par le tribunal. Ces commissaires dressaient procès-verbal de l'opération importante qui leur était confiée ; une copie de ce procès-verbal déposé au greffe, devait toujours être annexée à la requête en homologation.

Dans ce système, tout était lié et coordonné pour paralyser la fraude ; avec l'observation exacte de toutes les dispositions de la loi, tous les droits légitimes devaient trouver leur garantie dans la sanction résultant des lois pénales.

Cependant une législation aussi sage ne tarda pas à perdre l'influence qu'elle devait avoir. A défaut d'un instigateur légal, le moyen salutaire prescrit par la déclaration de 1739 fut transformé en un acte stérile. La loi finit par tomber en désuétude. De nombreux et d'indestructibles abus ont marqué les derniers temps de son existence.

Les auteurs les plus contemporains (1) ont signalé l'absence du ministère public des tribunaux de commerce comme cause principale de cette désuétude de la loi et des banqueroutes scandaleuses qui s'étaient multipliées sous l'empire de cette législation.

Vient ensuite le nouveau régime établi par le code.

A l'époque où l'on s'occupa de la rédaction du titre des faillites, des esprits très-éclairés (2), qui avaient été frappés des vices de l'ancienne législation, demandèrent l'établissement d'un ministère public auprès des tribunaux de commerce. Cette innovation importante fut d'abord adoptée comme étant indispensable pour rétablir l'ordre dans les faillites; mais elle fut ensuite repoussée, parce qu'on la jugea contraire à un bonne organisation des tribunaux de commerce (3).

(1) Denizart. Vbo. Faillites. — Traité des faillites et banqueroutes par M. Laurens. Ce dernier ouvrage parut à l'époque où l'on s'occupait de la rédaction du code de commerce; il présente le tableau le plus complet de l'ancienne législation.

(2) De l'influence du gouvernement sur la prospérité du commerce, t. II, chap. VI. — État commercial de la France, par M. Blanc de Vaulx, chap. XVIII.

(3) La commission chargée de préparer le projet du code, en résumant les observations qui avaient été faites contre l'institution du ministère public, avait dit que les observations très-nombreuses présentées par les tribunaux étaient plutôt dirigées contre quelques attributions particulières que contre l'institution elle-même. Voici à quoi se réduisaient toutes les objections :

1° L'introduction d'un commissaire du gouvernement dans les tribunaux de commerce dénature la simplicité de l'institution;

2° Ce magistrat perpétuel dans une autorité amovible, peut exercer une influence dangereuse sur le tribunal;

3° La qualité des personnes qui pourront être appelées à cette

Il est toutefois à remarquer que lorsqu'on rejeta l'institution du ministère public, on reconnut pourtant la nécessité et l'on annonça l'intention formelle d'y suppléer par des garanties équivalentes.

Ainsi, dans le système établi par le code, l'action de la justice pour tout ce qui a rapport à la répression des banqueroutes peut être provoquée par des moyens différens. D'abord les personnes qui sont chargées de la gestion doivent rendre compte au ministère public établi auprès des tribunaux ordinaires des caractères que la faillite paraît avoir. Si ce magistrat voit des apparences de délit, il intervient et fait toutes poursuites nécessaires (art. 489). En second lieu, lorsque l'examen des actes, titres et papiers du failli donne des indices de fraude, le juge commissaire, à son défaut le tribunal, peut refuser le concordat: alors le ministère public est tenu de poursuivre d'office (art. 521, 526).

Il était facile de prévoir que cette combinaison de moyens serait peu propre à conduire vers le but proposé. N'est-il pas sensible, en effet, qu'en faisant provoquer l'intervention du ministère public par les agens et par les syndics, on faisait dépendre l'action de la justice de l'exactitude et de la seule volonté de personnes privées qui ne sont pas directement intéressées

magistrature est antipathique avec les commerçans qui composent les tribunaux de commerce ;

4°. Les pouvoirs que la loi lui attribuait étaient trop étendus.

On trouvera le résumé des observations des cours et tribunaux dans l'ouvrage de M. Locré sur les art. 449 et 450.

à la poursuite des délits? D'autre part les pouvoirs extraordinaires conférés aux juges-commissaires ainsi qu'aux tribunaux de commerce ne sont-ils pas trop étrangers à leurs fonctions habituelles pour qu'il fût permis d'espérer qu'ils en feraient un usage convenable?

Aussi l'exécution de la loi a-t-elle fait voir l'insuffisance de ces mesures. Indépendamment du danger des compositions qui peuvent être faites avec le failli, les agens et les syndics ont été toujours plus occupés des intérêts des créanciers que des moyens d'assurer la répression des délits. De leur côté, les juges-commissaires et les tribunaux de commerce se sont montrés peu jaloux d'user d'un pouvoir rigoureux, tout différent de la mission spéciale qu'ils reçoivent du commerce.

Il est donc résulté de cette fausse combinaison que les banqueroutes frauduleuses ont été aussi multipliées qu'elles l'étaient sous l'ancienne législation, et généralement qu'elles ont été aussi impunies.

Nous avons cru nécessaire de rappeler ces faits parce qu'ils jettent un grand jour sur l'importante question que nous allons examiner, concernant l'établissement d'un ministère public pour les faillites, auprès des tribunaux de commerce.

L'institution du ministère public auprès des tribunaux tient aux bases de notre ordre judiciaire qui reconnaît deux pouvoirs séparés parfaitement indépendans l'un de l'autre.

Ce qui distingue particulièrement cette magistrature qui prononce sur tous nos droits, c'est un caractère d'impassibilité qu'on regarde avec raison comme l'une des meilleures garanties de l'impartialité des jugemens. C'est pour assurer ce caractère d'impassibilité que les tribunaux ne doivent faire sentir leur autorité que lorsqu'ils sont provoqués par une volonté étrangère. Les réclamations des parties, pour tout ce qui tient aux droits privés, pour tout ce qui peut avoir rapport à l'intérêt général, les réquisitions du ministère public, représentent cette volonté qui détermine seule l'action légale de la justice.

C'est donc comme condition indispensable d'une bonne administration de la justice qu'est établie cette partie publique qui représente la société, qui agit, qui réclame pour elle.

Dans les tribunaux de commerce, l'absence de la partie publique n'est-elle pas dès lors un dangereux sacrifice d'une des garanties les plus nécessaires à l'ordre public? Pour justifier une pareille dérogation au droit commun, il faudrait que la justice consulaire s'appliquât exclusivement à des intérêts privés, qu'elle ne pût jamais avoir d'influence sur les intérêts généraux de la société.

Il est inutile d'examiner ici l'organisation des tribunaux de commerce sous le rapport de la discipline intérieure et de l'influence de leurs décisions sur les droits des personnes placées plus immédiatement sous la protection de l'autorité. Il s'agit uniquement d'organiser la juridiction particulière aux faillites et banqueroutes. La question envisagée sous ce rapport, nous sommes forcé de reconnaître que parmi les affaires qui sont portées devant les tribunaux ordinaires, il n'en est aucune qui puisse réclamer plus fortement l'intervention de la partie publique que ce genre tout particulier d'affaires qui concernent tout à la fois l'infraction des engagemens, la bonne foi commerciale, son crédit, la morale publique, les intérêts de personnes absentes, des droits collectifs et des sacrifices commandés aux droits personnels, au nom d'un intérêt commun.

L'ordre dans les faillites est subordonné à deux conditions essentielles : à l'exécution stricte de la loi, dont toutes les dispositions sont combinées de manière à préserver tous les droits légitimes ; à l'application rigoureuse des lois pénales établies pour réprimer et prévenir les banqueroutes ; il faut que l'organisation des tribunaux de commerce réponde à ces deux besoins.

Sans doute la justice consulaire a été heureusement organisée d'après la nature des affaires commerciales. Ces affaires étant en général peu compliquées, le tribunal est saisi par une simple demande, la cause s'explique en deux mots, et les juges prononcent. L'exécution de la loi découle ici directement et sans obstacle d'une distribution équitable de la justice. Ici l'institution du ministère public est inutile, elle serait même dangereuse.

Mais les faillites qui présentent des intérêts extrêmement compliqués, soit à raison de la diversité des droits, soit à cause de la multiplicité des faits et des pièces, tiennent bien plus des affaires civiles que des affaires commerciales ordinaires ; on doit espérer que la révision de ce titre du code procurera l'inappréciable bienfait d'un régime plus simple. Cependant, malgré les améliorations qui pourront y être faites, les faillites présenteront toujours une certaine complication d'actes et d'opérations, garanties nécessaires contre la fraude.

On peut donc demander si les tribunaux de commerce tels qu'ils sont organisés, si les juges-commissaires avec tous leurs pouvoirs ont des moyens suffisans pour assurer l'exécution de toutes les mesures prescrites dans cette vue, pour protéger les créanciers contre des tentatives continuellement renaissantes et faites dans le but de paralyser les dispositions prévoyantes de la loi.

Il nous est impossible de trouver dans l'organisation des tribunaux de commerce cette force d'autorité nécessaire pour assurer la constante exécution des dispositions qui constituent le régime des faillites. D'abord les règles judiciaires s'opposent à toute réunion dans les mêmes mains du pouvoir de juger, avec tout droit quelconque de surveillance, ou de réquisition ; la loi sur les faillites doit avoir d'ailleurs une influence si étendue que les magistrats qui contractent l'obligation d'en assurer l'exécution doivent compte de la mission importante qui leur est confiée ; mais les juges de commerce, magistrats d'élection, indépendans de l'autorité publique, ne peuvent être soumis à aucune responsabilité réelle. Ces juges qui se renouvellent sans cesse, qui n'ont à répondre qu'à l'intérêt particulier et du moment, ne peuvent s'occuper, avec cet esprit de suite qui serait nécessaire, de l'exécution de la loi, ni observer son influence sur les intérêts généraux du commerce.

Tout ceci tient à la nature même des pouvoirs qui entrent dans l'organisation des tribunaux de commerce et ne saurait changer.

A ce défaut de garantie suffisante pour assurer l'exécution de la loi en général, il faut ajouter le besoin d'une garantie plus spéciale pour la répression des banqueroutes.

Le caractère particulier de ce délit, les obscurités dont il est enveloppé, demandent la présence assidue d'un magistrat pour que rien ne soit caché, qui puisse recueillir tous les renseignemens, suivre les moindres traces de délit, saisir l'ensemble des opérations et des faits, se faire en un mot par lui-même une opinion certaine sur les caractères de la faillite. C'est à cette condition seulement qu'on peut espérer de réprimer les banqueroutes, car il ne s'agit point de ces délits ordinaires qui se manifestent presque toujours par des actes extérieurs et patens et peuvent être bien plus facilement recherchés, suivis, reconnus par les nombreux agens de la police judiciaire.

Nous savons bien qu'on avait cru remplir toutes ces conditions avec l'établissement des juges-commissaires pris dans le sein des tribunaux de commerce. L'expérience a fait voir combien cet espoir était peu fondé. Quelques changemens qu'on puisse essayer dans ce système d'attributions données aux juges du commerce, la nature des choses ne permettra jamais que ces juges, qui sont choisis parmi leurs égaux et revêtus de fonctions purement temporaires, puissent consentir à exercer le ministère de rigueur qu'on exige d'eux. Nous dirons plus, ils en auraient la volonté qu'ils seraient encore retenus par une foule de liens, de considérations personnelles qui naissent des relations extrêmement compliquées dans le commerce; si l'on pouvait être en doute à cet égard, on n'a qu'à voir comment les tribunaux de commerce et les juges-commissaires ont usé du droit qu'ils ont, d'après le code, de s'opposer au concordat toutes les fois qu'il se présente des indices de fraude de la part du failli.

Ces raisons, jointes aux indications d'une expérience acquise sous deux législations différentes, doivent faire sentir l'impérieux besoin d'un ministère public pour les faillites, c'est-à-dire d'un magistrat permanent, étranger aux relations du commerce, magistrat indispensable pour la recherche et la répression des délits, indispensable pour imprimer le mouvement nécessaire à la marche de la faillite, indispensable pour répondre au gouvernement de la constante exécution de la loi et de son influence sur les intérêts généraux du commerce.

On a dirigé de nombreuses objections contre cette institution. Ne nous arrêtons pas à toutes les difficultés accessoires, ou de pur accident, qui peuvent facilement disparaître dans une organisation bien entendue. Quant aux objections qui tiennent à la nature même de l'institution, elles se rapportent à deux points ; on craint qu'un magistrat perpétuel dans une autorité amovible n'exerce une influence dangereuse pour l'indépendance du tribunal ; on oppose ensuite que l'introduction de ce magistrat dans les tribunaux de commerce dénaturera la simplicité de leur organisation : faisons voir que ces objections sont sans fondement.

La garantie de l'indépendance des tribunaux de commerce est tout entière dans la séparation des pouvoirs ; il n'en est pas d'autre pour les divers établissemens judiciaires qui admettent cette magistrature publique.

On a beaucoup trop exagéré cette influence du ministère public, car on n'a pas éprouvé jusqu'ici qu'elle ait porté la moindre atteinte à l'indépendance des juges ordinaires. On ne dira pas sans doute que le jury, composé de simples citoyens, momentanément appelés par le sort à prononcer sur les affaires les plus difficiles et les plus graves, perde rien de son indépendance lorsqu'il est éclairé dans ses décisions par un magistrat permanent qui parle au nom de la société avec tout l'ascendant du talent et l'autorité du caractère dont il est revêtu. Comment donc cette influence pourrait-elle être plus dangereuse vis-à-vis d'hommes choisis parmi les commerçans les plus éclairés, d'hommes investis d'une magistrature publique, et qui ont dû acquérir dans l'exercice habituel de leurs fonctions cette certitude et cette indépendance de jugement qui suivent toujours la connaissance plus spéciale d'un certain genre d'affaires ?

L'indépendance des juges du commerce ne saurait donc être affaiblie par la présence du ministère public; cette indépendance sera toujours l'apanage des magistrats qui possèdent seuls, en définitive, toute l'autorité des jugemens.

Est-il vrai que l'introduction du ministère public auprès des tribunaux de commerce détruirait la simplicité de l'institution, et qu'elle porterait des entraves à la prompte expédition des affaires?

Nous n'hésitons point à dire que cet inconvénient existerait réellement si le ministère public devait intervenir dans les affaires ordinaires, qui exigent par dessus tout une prompte décision. Mais il ne faut point perdre de vue qu'il ne peut être question d'établir un ministère public hors des faillites.

Ce qui importe le plus dans les faillites, ce n'est pas une très-grande célérité; car, quoique cette célérité fût certainement un bien, la nature même de ces sortes d'affaires s'y oppose; ce qui importe, c'est que les intérêts généraux qui ne sont pas représentés trouvent un défenseur devant les tribunaux; ce qui importe encore, c'est que tous les actes d'où dépendent la promptitude et la sûreté des opérations soient faits fidèlement et ponctuellement; or, l'accomplissement de ces conditions essentielles ne peut être assuré que par la présence d'un magistrat ayant droit de requérir l'exécution de la loi et de poursuivre les infractions.

On paraît craindre que la présence assidue de ce magistrat dans des opérations qui intéressent avant tout les créanciers, que la faculté illimitée de requérir des actes d'instruction et des poursuites dans les divers cas où il peut y avoir présomption de banqueroute, ne dégénère en inquisition inquiétante pour les créanciers. Cet inconvénient ne saurait exister si le ministère public, comme nous aurons occasion de l'établir, ne doit instruire pour le cas de banqueroute simple qu'avec l'assentiment de la majorité des personnes qui sont particulièrement intéressées à la répression de ce genre particulier de délit.

En dernière analyse, la présence du ministère public au tribunal de commerce, loin d'entraver les opérations, contribuerait à accélérer la marche de la faillite. Le ministère public, assistant aux opérations, pourrait y puiser très-facilement tous les renseignemens qui doivent l'éclairer. Par là disparaîtraient toutes les lenteurs qui peuvent résulter du système du code, par les obligations qu'il impose aux agens, ensuite aux syndics, provisoires et définitifs, de fournir successivement des mémoires détaillés au procureur du roi placé loin du tribunal, qui peut intervenir en tout temps, et réclamer l'examen de toutes les pièces de la faillite même après que les opérations sont en partie achevées.

Ces deux principales objections écartées, il faut pourtant convenir qu'il se présente une difficulté réelle lorsqu'on s'occupe des moyens d'organiser cette nouvelle magistrature. La justice commerciale doit être essentiellement gratuite. Le trésor a aussi besoin d'économie. Cette double nécessité présente donc une difficulté très-sérieuse. Elle n'est pourtant pas insurmontable dans l'état de notre organisation judiciaire.

Les tribunaux de commerce se trouvent généralement placés dans les villes où siègent les tribunaux civils de première instance. On peut donner le service auprès du tribunal de commerce à l'un des substituts du procureur du roi, avec le titre de substitut aux faillites. Cette extension des attributions du parquet peut être adoptée pour la grande majorité des tribunaux. Quant aux villes plus considérables par l'étendue et l'importance des affaires commerciales, il suffirait d'y créer un certain nombre de substituts aux faillites, qui dépendraient directement aussi du parquet du procureur du roi.

Ce mode d'organisation n'imposerait pas une surcharge trop grande pour le trésor; il pourrait concilier d'une manière heureuse les grands intérêts qui se rattachent au bon ordre dans les faillites avec cette juste susceptibilité du commerce sur tout ce qui peut tendre à affaiblir l'indépendance de ses juges : quelle sorte d'empiétement pourrait être à craindre, en effet, de la part d'un magistrat placé dans un rang secondaire, dont les attributions auprès du tribunal de commerce seraien trestreintes à un seul genre d'affaires !

Après un examen attentif, on ne saurait donc trouver de motif fondé pour repousser une institution dont le besoin se fait vivement sentir depuis long-temps. C'est dans l'absence d'une institution aussi nécessaire que la loi actuelle sur les faillites est restée dans une sorte d'inanition, comme notre ancienne législation, comme toutes les lois d'ordre public qui manqueront d'un instigateur légal. Une expérience aussi prolongée doit avoir enfin convaincu les esprits les plus difficiles que le succès de la loi dépend en grande partie de ce changement décisif dans l'organisation des tribunaux de commerce.

Qu'on établisse auprès de ces tribunaux un magistrat à qui soit imposé le devoir spécial de requérir l'application de la loi ; dès lors son action assure l'entier effet des dispositions établies dans l'intérêt de l'ordre; dès lors l'heureuse influence de cette magistrature se fait sentir sur tous les actes de la faillite.

L'administration placée sous sa surveillance, sa vigilance active, prévenue par les réclamations des créanciers, garantit la fidélité de la gestion, e l'exact accomplissement de toutes les dispositions de la loi sous les rapports si importans de la régularité des actes et de l'observation ponctuelle des délais.

Sa prévoyante sollicitude s'étend aux intérêts des créanciers absens. Cette protection qui est une dette de la société, dans l'état d'abandon involontaire qui résulte fréquemment du désordre imprévu de la faillite, offre aussi une garantie également précieuse pour la masse des créanciers, surtout dans les premiers momens où ils ne peuvent être qu'imparfaitement représentés.

Ce magistrat devient l'homme du commerce. Avec lui toutes les réclamations vont aboutir à un centre commun. Sans cesse occupé des intérêts qui lui sont confiés, sa vue étendue embrasse toutes les conséquences de la loi. Les abus qui peuvent se glisser dans l'exécution, promptement signalés, sont aussitôt réprimés par les tribunaux.

Sa présence seule est la garantie de l'ordre. Les banqueroutes ne passent plus impunies. Le failli incertain, qui se voit entouré d'une surveillance active, renonce souvent à des projets criminels dont l'exécution lui paraît impossible.

Avec une autorité aussi vigilante les règles reprennent enfin toute leur force. La loi devient vivante en quelque sorte et capable désormais d'accomplir sa mission, de protéger également les créanciers et le failli, de prévenir et réprimer les fraudes et banqueroutes, de porter l'ordre au milieu de la confusion inséparable de l'état de faillite.

Nous avons cherché à indiquer les bases de l'institution. Nous n'entrerons point dans l'examen détaillé d'un système d'organisation et d'attributions. Cet examen conduirait trop loin. Nous nous sommes proposé d'ailleurs pour but principal d'appeler l'attention du gouvernement et du commerce sur une des questions les plus importantes qui doivent nécessairement se présenter lorsqu'on s'occupera de la révision de la loi.

Nous n'ajouterons qu'une dernière observation :

Le commerce ne voit pas sans une sorte d'inquiétude tout projet d'introduire le ministère public dans ses tribunaux. Le commerce ne doit pourtant pas ignorer que sa prospérité, que sa considération dépendent à beaucoup d'égards de l'influence de la loi sur les faillites et banqueroutes. Ses intérêts les plus chers se lient donc à toutes les institutions qui peuvent assurer le succès de cette loi. Mais l'expérience ayant fait voir combien l'organisation actuelle des tribunaux de commerce offre peu les moyens d'établir un régime efficace, il faut savoir renoncer à de trompeuses théories qui sont hautement démenties par les faits. Après tant de tentatives inutiles pour arrêter l'invasion toujours croissante du fléau des banqueroutes, ce qu'il faut éviter surtout, c'est de tenter de nouveaux essais qui ne pourraient qu'aggraver le mal. Une institution existe, éprouvée par le temps. Toujours elle a suffi au rétablissement de l'ordre général dans la société. Tout dit qu'appliquée aux intérêts spéciaux du commerce elle contribuerait puissamment à rétablir aussi l'ordre dans les faillites (1). La question n'est donc plus de savoir s'il convient de rejeter ou d'adopter cette institution; il ne peut plus s'agir que de l'approprier avec précaution aux tribunaux de commerce, sans déranger leur organisation sous d'autres rapports également importans,

(1) L'institution du ministère public auprès des tribunaux de commerce n'a pas été entièrement inconnue sous l'ancienne législation; elle avait été établie dans la ville de Lyon. Il paraît qu'on avait éprouvé que cette institution avait les plus heureuses influences sur l'esprit du commerce. Voici du moins comment s'est exprimé sur ce fait un écrivain qui présenta quelques observations sur le projet du code: « Cette institution n'est pas nouvelle; sous la monarchie, « Lyon a souvent joui de ses bienfaits; elle n'avait pas peu con- « tribué à y faire pratiquer les vertus morales du commerce, qui « avaient fait distinguer cette ville de toutes les autres places. » Observations sur le projet du code de commerce par M. Campaignac de Bordeaux.

sans blesser des intérêts qui ne sont pas moins dignes de toute l'attention du gouvernement, et qu'une administration juste et éclairée ne méconnaîtra sûrement pas.

DU CONCORDAT ET DE SES EFFETS.

Nous sommes arrivé au concordat. C'est l'acte décisif de la faillite. Les intérêts les plus graves, comme les plus grandes dificultés, viennent nécessairement se concentrer autour d'un acte qui fixe irrévocablement le sort des créances et du failli.

La réunion des créanciers appelée par le code pour prononcer sur cet acte important se trouve livrée à elle-même dans ses délibérations; on a pensé qu'une concentration de volontés de toutes les parties intéressées devait conduire à une résolution avantageuse pour tous. Le code suppose aussi que la sagesse et la bonne foi dirigeront les créanciers dans leurs délibérations; c'est dans cette confiance qu'il établit que la minorité doit, pour son propre intérêt, obéir à la détermination prise par la majorité des créanciers.

Ainsi, d'après le vœu de la loi, le concordat doit réunir dans une seule et même volonté, dans un seul et même intérêt, les vues divergentes et les intérêts individuels de toutes les personnes qui concourent à le former. Il faut donc que l'intérêt particulier de chacune des parties contractantes cède à l'intérêt commun de la masse. C'est ici que la législation rencontre une forte et inévitable résistance qui ne peut être surmontée qu'à l'aide des plus sages combinaisons dans l'économie de la loi.

Les obstacles que présente le concordat sont de deux sortes ; les uns proviennent des créanciers, les autres viennent du failli. Nous allons les examiner séparément.

C'est une remarque constante qu'une partie des créanciers cherche toujours à se procurer des conditions plus avantageuses que les autres. Cet abus existait sous l'ancienne législation. Il existe encore depuis le code. Tout ce que l'intérêt personnel peut suggérer de moyens détournés, est ordinairement employé par certaines personnes pour échapper au désastre d'une faillite. Ces manœuvres, qui trompent la bonne foi des autres créanciers, compromettent aussi le sort de la faillite en imposant au débiteur des engagemens qui sont au-dessus de ses forces. Elles substituent les procédés de la ruse et de la finesse aux sentimens de loyauté qui doivent être l'ame de toutes les relations commerciales. Il en résulte donc une influence dangereuse, qu'on n'a pas assez remarquée peut-être, influence d'autant plus dangereuse qu'elle tend à démoraliser le commerce entier, qui est toujours intéressé comme créancier dans les faillites.

L'ancienne législation n'avait rien fait pour écarter ce danger. On sait que sous l'ordonnance de 1673 le failli pouvait traiter séparément avec chacun de ses créanciers ; le concordat était colporté de maison en maison ; il était presque toujours le résultat d'arrangemens partiels obtenus par des concessions séparées.

Les rédacteurs du code avaient manifesté l'intention de faire cesser cet abus. Malheureusement ils n'ont trouvé rien de mieux que d'exiger que le concordat soit délibéré en assemblée des créanciers, en présence du juge-commissaire, en réduisant la faculté de traiter avec le failli à un très court délai. Ce remède est inefficace. On compose avec le failli avant la réunion; on compose dans l'intervalle accordé par l'art. 522 après la première réunion; l'obligation imposée au failli d'obtenir dans ce délai la double majorité en nombre et en sommes ne le met que plus sûrement à la discrétion des plus forts créanciers. La loi ne prononçant aucune peine contre celui qui s'est procuré des conditions plus avantageuses que les autres, la simple obligation au rapport, qui n'est même pas exprimée textuellement dans la loi, est tout-à-fait insuffisante pour contenir les créanciers dans les bornes du concordat.

Il faut donc chercher les moyens de suppléer à cette lacune du code.

Sans doute, on aura déjà beaucoup fait sous ce rapport, si l'on parvient, par une bonne organisation de l'administration de la faillite, à éloigner l'influence que les syndics exercent ordinairement sur les faillis. On détruirait par là la cause la plus féconde des abus qui résultent des compositions particulières. Mais ce n'est pas encore assez, car les faillis se trouvent souvent retenus par une infinité de liens dans la dépendance de certains créanciers; il est donc nécessaire qu'il y ait dans la loi une disposition générale assez forte pour ramener toutes les prétentions personnelles à cette unité de vues qui peut seule assurer le succès du concordat.

Pour trancher la difficulté, on a proposé un moyen très-simple, ce serait d'instituer une espèce de jury commercial chargé de régler les conventions du concordat. C'était ainsi que cela se pratiquait autrefois en Angleterre, où les commissaires de la faillite, réunis aux syndics des créanciers, avaient toute autorité pour fixer les conditions du concordat. Il en était de même dans l'ancienne législation de Venise.

Mais on sent bien que cette marche ne peut être adoptée que dans un système de législation qui établit, comme dans les législations d'Angleterre et de Hollande, des commissions spéciales qui connaissent parfaitement tous les détails des affaires de la faillite. Cette organisation, qui certainement doit entraîner des abus dans l'application, ne saurait se concilier avec notre système de juridiction des faillites. D'ailleurs une pareille attribution donnée à des commissaires est contraire au principe qui sert de base à notre ordre judiciaire; des tribunaux, uniquement institués parmi nous pour prononcer sur les droits en litige, ne peuvent avoir le pouvoir exorbitant de disposer des droits privés dont l'existence et la légitimité ne font pas un objet de contestation judiciaire.

Nous allons voir d'ailleurs qu'on peut, par d'autres moyens, atteindre le même but sans contrarier les principes du droit commun.

Dans l'ancienne législation génoise, tout créancier ayant concouru au concordat, qui s'était assuré à l'insu des autres créanciers une condition plus favorable, en exigeant un plus fort dividende, ou des termes plus rapprochés, ou même une simple caution, n'était pas seulement déchu des avantages qu'il avait voulu se procurer; la loi l'obligeait en outre de payer aux autres créanciers les portions de créances remises par le concordat. Le failli, dans ce cas, était obligé de payer la totalité de la dette malgré la remise qui lui avait été faite.

Certainement cette disposition était juste au fond. La faillite établit une communauté d'intérêts entre tous les créanciers. Toutes les facultés du failli, sa personne même, sont le gage commun qui doit assûrer l'accomplissement du concordat aussi loin que ses moyens peuvent s'étendre. Les créanciers qui cherchent à s'approprier exclusivement une portion quelconque de ces valeurs commettent, sinon un délit, au moins un quasi-délit qui doit être réprimé par des peines pécuniaires. Il faut convenir cependant que la loi génoise était d'une sévérité excessive contre le créancier avantagé; en imposant, en outre, au failli l'obligation de payer l'intégralité des dettes elle avait dépassé le but; elle allait directement contre l'intérêt même des créanciers, puisque c'est cet intérêt bien entendu qui les porte à réduire leurs créances, pour procurer au failli le moyen de payer la dette ainsi réduite.

La peine sera donc mieux proportionnée au fait punissable, et par cela même bien autrement efficace, si le créancier avantagé est condamné à restituer seulement le double de la valeur à laquelle peut être estimé l'avantage qu'il s'était procuré. Quant au failli, on ne pourrait guère prononcer de peine contre lui qu'elle n'eût l'inconvénient grave de porter le désordre dans l'exécution du concordat.

Il faut ensuite assurer l'exécution de cette disposition pénale. En prenant cette précaution, on réparerait en même temps une autre lacune du code de commerce qui devient surtout sensible lorsqu'on s'occupe de l'exécution du concordat.

Toutes les dispositions de la loi, qui appellent l'intervention de la justice dans les affaires de la faillite, ont pour but d'assurer que toutes les opérations seront faites dans un intérêt commun ; mais on a pu remarquer que cette intervention si nécessaire cesse d'avoir lieu aussitôt que le concordat est revêtu de l'homologation. Il semble que tout soit consommé par cet acte. Le failli est livré entièrement à lui-même, sans qu'on se soit inquiété de l'exécution et des suites du concordat.

Cette imprévoyance de la loi donne lieu à de très-grands abus. La liberté illimitée laissée au failli lui donne toutes les facilités possibles pour faire des arrangemens particuliers avec les créanciers qu'il a intérêt ou qu'il est forcé de ménager. Par suite de cette malheureuse facilité, beaucoup de faillis sont aussi entraînés à soustraire une partie de leur actif. Les créanciers n'ayant plus aucun droit de contrôle après le concordat et son homologation, tout ce qui s'est fait en fraude des stipulations générales, soit par le failli seul, soit par le failli d'accord avec quelques créanciers, peut être consommé impunément.

Il est donc essentiel de compléter sous ce rapport le régime des faillites, en prescrivant à la réunion des créanciers de nommer des commissaires chargés de contrôler la conduite du failli jusqu'à l'exécution parfaite du concordat. Par suite de cette mesure, au lieu d'être faits isolément et arbitrairement, les paiemens des dividendes seraient effectués en assemblée générale, dans laquelle les commissaires feraient leur rapport sur la conduite et sur la véritable situation du débiteur. De cette manière les intérêts de tous les créanciers seraient ménagés avec une égale justice. Les créanciers se trouveraient à même de prendre, d'après les circonstances, toutes les déterminations utiles à la conservation de leurs droits; par là les embarras qui peuvent survenir dans la position du débiteur n'entraîneraient plus, comme il arrive trop souvent, des désordres qui rendent illusoires les précautions qui avaient été prises pour arriver au concordat.

C'est par de semblables mesures, combinées avec des dispositions pénales judicieusement adaptées aux diverses infractions, qu'on peut espérer de ramener le concordat à son véritable caractère. Lorsque toutes les suites de cet acte seront éclairées par une surveillance active jusqu'au dernier terme d'exécution, le traité sera bien plus sûrement alors l'expression exacte et fidèle de la position, des engagemens, des ressources du failli; c'est alors que le concordat sera véritablement un traité fait de bonne foi, exécuté aussi de bonne foi, et présentant une parfaite unité de vues et d'intérêts de la part de tous les créanciers.

Les mesures que nous venons d'indiquer, principalement dirigées contre les créanciers qui seraient tentés d'isoler leurs intérêts, doivent avoir aussi pour résultat d'inspirer au failli une salutaire circonspection. Cependant, à l'égard du failli, l'intérêt du commerce réclame en outre une garantie directe, assez forte pour répondre que sa conduite sera uniquement dirigée dans le but du rigoureux acccomplissement de ses engagemens; c'est la seconde et la plus grande difficulté que présente l'organisation du concordat.

Nous avons vu que le régime entier du concordat reposait sur la règle qui soumet la minorité à la détermination prise par la majorité des créanciers. Le droit attribué à la majorité des créanciers n'est pas limité par le code. Il s'étend donc jusqu'à la remise d'une partie de la dette; c'est là une dérogation remarquable aux principes du droit commun.

Cette disposition de la loi commerciale est d'une telle importance, qu'il faut voir comment elle s'est introduite dans la législation.

Il ne faut pas en chercher l'origine dans le corps du droit romain. Les jurisconsultes romains qui avaient établi, comme bases essentielles des engagemens, qu'on ne peut s'engager ni stipuler en son propre nom que pour soi (1), n'auraient pas admis qu'on puisse éprouver le moindre préjudice dans ses droits, par le seul fait de la volonté d'une personne tierce, surtout sous un rapport aussi important que celui du sacrifice de sa créance (2).

(1) L. 38. ff. de verb. oblig. l. 73, reg. jur.
(2) L. 74, ff. de regul. jur.

On trouve bien dans le code de Justinien une loi de cet empereur, relative à la cession de biens (1), qui attribue à la majorité des créanciers le droit d'accorder un attermoiement de cinq ans; mais cette décision, qui avait été inspirée par un sentiment d'intérêt envers le débiteur malheureux et de bonne foi, ne pouvait nuire aux droits des créanciers. Une autre loi des empereurs Grat. Valent. et Théod., avait imposé au débiteur qui voulait profiter de la faveur de l'attermoiement l'obligation de fournir une caution (2); on sait d'ailleurs que le débiteur admis au bénéfice de cession, n'était pas entièrement libéré en faisant l'abandon de tous ses biens (3).

L'origine d'une disposition aussi exorbitante du droit commun remonte au temps de la renaissance du commerce dans le midi de l'Europe. C'est à cette époque qu'on trouve établie pour la première fois la distinction du droit commercial et du droit civil proprement dit. Les rapports nouveau-nés du mouvement des affaires commerciales apportèrent quelques modifications dans les principes de la législation. Les règles qui avaient régi jusque-là les rapports des débiteurs et des créanciers éprouvèrent notamment une modification importante dans les états commerçans d'Italie.

La grande mobilité de fortunes commerciales, leur

(1) L. 8 c. qui bon. ced. possunt.
(2) L. 4, c. de precib. imp. offerendis.
(3) L. 1, c. qui bon. ced. possunt.

nature même qui en rend la valeur plus dépendante de certaines situations, la multiplicité et la proximité des états divers qui facilitaient les émigrations des débiteurs, enfin des chances de perte et de gain habituelles pour le commerce, toutes ces circonstances contribuèrent à accréditer l'idée qu'on pouvait obliger tous les créanciers d'un commerçant failli à faire remise d'une partie de leurs créances, lorsque la majorité jugeait ce sacrifice nécessaire pour l'intérêt commun.

La règle ne fut d'abord admise qu'avec une très-grande réserve. Elle eut lieu dans trois cas; c'était 1° lorsque l'héritier du failli ne voulait accepter l'héridité qu'à cette condition ; 2° lorsqu'il ne paraissait pas de bien et que le failli, absent et caché, demandait comme condition de son retour qu'il lui fût fait une remise ; 3° lorsque le failli annonçait l'intention de faire la cession de ses biens (1).

Dans ces divers cas l'intérêt des débiteurs les mettait dans la nécessité de remettre une partie de la dette pour éviter la perte de plus grande partie ou de la totalité. L'équité ne permettait pas non plus de souffrir que le caprice ou l'entêtement de quelques créanciers devînt un obstacle à un arrangement évidemment avantageux pour tous. Ces décisions furent donc adoptées comme principe de jurisprudence générale par les tribunaux et par les auteurs italiens.

Mais par la suite on s'écarta de cette rigueur de

(1) Matheus de Afflictis. decisiones sacri concilii Napolitani. — Merlinus, de pigno. et hypoth. 4, tit. v. quest. 136.

principe. Les exceptions s'étendirent insensiblement. Elles se multiplièrent bientôt. L'opinion la plus générale finit par adopter un règle absolue qui lia toujours la minorité à la remise accordée par la majorité des créanciers (1).

Malgré ce relâchement dans la jurisprudence, le commerce conserva toujours deux garanties précieuses : d'abord les créanciers, même après la remise accordée par le concordat, avaient droit de poursuivre le remboursement intégral de leurs créances lorsqu'ils pouvaient établir l'existence de quelques biens qui n'avaient pas été annoncés lors du concordat (2). La remise elle-même n'était pas irrévocable ; elle cessait d'avoir effet lorsque le débiteur était venu à meilleure fortune. C'était un point capital dans la législation générale d'Italie. Le statut de la ville de Peruze en contenait une disposition très-expresse (3); il en était ainsi à Florence, où le fils du failli était même obligé envers les créanciers de son père, malgré sa répudiation (4).

Les auteurs italiens sont pleins des monumens de cette législation. On la voit redoubler de prévoyance et de sévérité à mesure que les mœurs du commerce deviennent plus relâchées. C'est ainsi que, parmi d'autres dispositions plus rigoureures encore,

(1) Roccus, responsa legalia de decoctione mercatorum. — Casaregis discursus 73 v. 3. p. 317.

(2) Strhacca, de decoctoribus part. 7. N° 18 — Casaregis discursus 172. 3. p. 317.

(3) Strhacca, de decoctoribus, p. 7. N° 1er.

(4) Socinus. Concilium 57.

en trouve dans Raphaël Cuman, la disposition d'un statut particulier qui déclarait les frères d'un commerçant failli solidaires pour tous ses engagemens, lorsqu'ils habitaient avec lui au moment de la faillite (1).

Cette législation régissait la plupart des villes commerçantes d'Italie dans les quinzième et seizième siècles. A aucune autre époque jusqu'à nos temps modernes, le commerce n'avait été aussi florissant et n'avait autant fixé l'attention des législateurs. L'esprit général des lois commerciales de cette époque fut toujours de forcer les débiteurs au strict accomplissement de leurs engagemens, en fermant toutes les voies détournées de la fraude.

Les principes qui avaient été admis en Italie sur le concordat ont passé ensuite dans les usages de la plupart des peuples commerçans d'Europe; mais on ne trouverait nulle part un système aussi complet ni aussi bien ordonné.

Dans quelques Etats le principe qui consacre les droits de la majorité des créanciers n'a été admis qu'avec toutes les restrictions réclamées par la justice et par l'intérêt du commerce; dans l'ancienne Belgique, par exemple, il avait été reconnu par un placard du 20 octobre 1541 (2), que l'attermoiement accordé par la majorité de créanciers n'était point obligatoire pour les créanciers opposans lorsqu'il se faisait sans

(1) Raphaël Cuman, concilium 146.

(2) Institutions au droit de la Belgique part. 4. tit. 4. section 6, art. 3.

Voyez aussi le recueil d'arrêts notables, par Dulaury.

caution ou qu'il contenait quelque remise. Le principe de la libération définitive du failli n'a été admis en Angleterre qu'avec certaines modifications propres à prévenir les abus.

Quant à notre ancienne législation française, elle ne présente que des documens incertains ou incomplets jusqu'à l'ordonnance de 1673. En réglant la forme des délibérations, cette ordonnance ne s'occupa même pas des effets du concordat. Avant comme après sa publication, toutes les suites de cet acte important ont été constamment abandonnées aux interprétations variables de la jurisprudence, aux usages du commerce, à une sorte de nécessité qu'on a cru voir dans la situation respective des créanciers et du failli (1). Malgré l'opposition de quelques auteurs (2), la remise

(1) Voici comment Savary, qui avait concouru à la rédaction de l'ordonnance de 1673, s'exprime à l'égard de la remise faite au failli :

« Mais encore que le failli demeure quitte des remises qui lui ont » été faites, en telle sorte qu'il ne peut être recherché par la suite, » néanmoins il n'est pas quitte pour cela devant Dieu et devant les » hommes, quand il se trouve en état de pouvoir restituer à ses » créanciers les sommes qui lui ont été remises; c'est à quoi sa » conscience, son honneur et celui de sa famille l'engagent, la » raison en est que la remise n'est pas volontaire. Si les créanciers » l'ont consentie, c'est qu'ils ne pouvaient faire autrement pour » n'y avoir pas d'effets suffisans pour les payer de leur dû. Etant vrai » de dire qu'ils n'auraient jamais consenti à la remise s'ils avaient » cru moralement que dans la suite il fût échu des biens à leur » débiteur. C'est pourquoi il est obligé en conscience et en honneur » de s'acquitter intégralement; autrement il est homme de mau- » vaise foi. » Parfait négociant, p. 683.

(2) Voyez vbo Attermoiement, l'ancien Denizart et le dictionnaire de Bayard, p. 522.

accordée par la majorité a opéré constamment la libération absolue du failli, quoique cet effet ne fût point déterminé par la loi. Le principe a passé ensuite sans examen dans le code de commerce; mais ce qui doit étonner c'est qu'à l'époque de la rédaction du code, où toutes les branches de la législation relative aux faillites ont été soumises aux plus sérieuses investigations, dans l'intention avouée d'établir un système nouveau et complet, on ne s'est pas occupé un seul instant de la disposition la plus vitale, parmi toutes celles qui composent le titre des faillites et banqueroutes.

C'est ainsi qu'une inconcevable inattention de la part des rédacteurs du code de commerce a perpétué dans notre législation commerciale un principe dangereux dont nous allons voir bientôt toutes les conséquences.

Pour peu qu'on connaisse les usages du commerce, la nature et la facilité de ses transactions, leur multiplicité infinie, leur rapidité qui ne permet pas toujours d'en saisir les traces ni d'en connaître les suites, les correspondances étendues, souvent éloignées, ou passagères, et l'obscurité de certaines affaires, on ne peut ignorer qu'il est facile à un homme de mauvaise foi de préparer de longue main une banqueroute frauduleuse, de masquer sa position en représentant des livres matériellement en règle, et d'échapper ainsi aux reproches de ses créanciers comme aux poursuites de la justice.

Cependant les dispositions qui concernent le concordat, en reconnaissant dans la majorité des créanciers le pouvoir de fixer les conditions du traité, lui donnent aussi le droit d'accorder la remise absolue d'une partie de la dette. Le failli qui a obtenu cette remise, lorsqu'il a payé le dividende arrêté, est libre désormais de toute espèce d'engagement. S'il vient à posséder des biens par la suite, il peut en jouir en paix à la vue de ses créanciers, à la vue de ceux-là même qui n'ont jamais entendu renoncer à leurs droits : la loi prononce que ce commerçant n'est plus obligé envers eux.

Qu'on réfléchisse sur un pareil état de choses, et l'on sera bientôt convaincu que c'est là l'écueil contre lequel sont venues échouer jusqu'à présent toutes les tentatives d'amélioration dans la législation relative aux faillites. Il n'est pas douteux pour nous que l'irrésistible influence de cette position respective des créanciers et des débiteurs a constamment produit ou favorisé l'excès des désordres dont on s'est plaint à toutes les époques de l'histoire de notre commerce.

C'est déjà, sans doute, une grande imperfection dans la loi que cette facilité qu'elle donne aux débiteurs de s'approprier, d'une manière en quelque sorte légale, une portion de la substance de leurs créanciers. l'exemple que nous avons établi n'est point une hypothèse hasardée ; c'est un fait, et un fait qui ne se renouvelle que trop fréquemment dans le commerce. Or, il faut bien reconnaître que contre de pareils faits les lois pénales seules sont nécessairement insuffisantes.

Ce n'est pas tout encore, car le principe d'une remise absolue, irrévocable, émanant de la seule volonté de la majorité des créanciers, c'est une prime offerte aux débiteurs de mauvaise foi dans le moment qu'éclate le désordre de leurs affaires.

Pressé par les besoins de sa position, un failli se flatte facilement de l'espoir de réussir dans une tentative coupable, quand il voit au terme de ses inquiétudes une jouissance assurée et paisible. C'est un moment de traversée dangereuse peut-être; mais dans une situation désespérée on peut tout braver lorsqu'on a la perspective d'un avantage aussi certain.

Qu'on ne croie pas d'ailleurs que l'entreprise soit aussi périlleuse qu'on pourrait le supposer. Avec une certaine adresse il est moyen d'en sortir sans coup férir; il s'agit seulement de gagner les créanciers qu'on redoute le plus, d'abuser ou d'intimider quelques créanciers plus faibles; on finit bien toujours par se procurer une majorité, car les dispositions de la loi sont combinées de telle sorte, qu'en consentant au partage d'une partie de son butin, le failli peut calculer au plus juste ce que peut lui coûter un concordat qui lui présentera un bénéfice considérable.

Le concordat devient donc un abri assuré pour tous les banqueroutiers qui ont pu se soustraire aux regards de la justice; c'est un asile inviolable d'où ils peuvent impunément braver des créanciers audacieusement dépouillés.

Nous n'entrerons dans aucun détail pour prouver l'existence d'une situation aussi grave; des faits scandaleux, notoires, trop multipliés, sont là pour attester que la violation des droits de la minorité des créanciers a puissamment contribué à favoriser tous les désordres des faillites ; c'est ainsi que l'adoption faite sans précaution d'un principe qui détruit toute l'économie de la loi a produit une démoralisation profonde dans une classe nombreuse de commerçans.

Etrange aberration de notre législation! toutes nos lois commerciales proclament l'impérieuse nécessité de l'exécution des engagemens, sans laquelle il est impossible d'asseoir solidement le crédit si nécessaire au commerce. La contrainte par corps, rejetée des relations ordinaires de la vie, est considérée comme le lien indispensable pour assurer le mouvement des affaires commerciales. Cependant, par une fatale imprudence, ce lien est tout à coup relâché à l'occasion du concordat ; et l'on permet qu'un commerçant qui est parvenu à se rétablir, se dispense de remplir les engagemens qu'il avait contractés avant sa faillite.

Il est vrai toutefois que la libération complète de ce commerçant failli est dans le vœu de la loi des faillites; mais on n'a pas songé à lui imposer formellement un acte de justice rigoureuse ; c'est au moyen indirect et stérile de la réhabilitation qu'on a recours. Le code impose donc des conditions aux faillis qui se présentent d'eux-mêmes pour remplir leurs engagemens; c'est-à-dire que la loi décourage, qu'elle éloigne, par des dispositions rigoureuses à l'excès, le petit nombre de ces débiteurs honnêtes qu'on peut livrer sans danger au mouvement de leur conscience, tandis qu'elle laisse dans la plus entière indépendance cette foule d'hommes qu'on aurait surtout besoin de contenir, qui ne reconnaissent aucune obligation s'ils n'y sont forcés par le frein salutaire des lois.

Avec cette incohérence dans les principes de la législation, avec une liberté aussi dangereuse laissée aux débiteurs de mauvaise foi, faut-il s'étonner de l'excès des désordres qui ont toujours eu lieu dans les faillites !

Qu'on interroge soigneusement les faits, et l'on verra si ces désordres ne sont pas favorisés par la législation elle-même.

Sans remonter à des temps plus éloignés (1), dans le cours des trente dernières années nous avons eu deux lois différentes, également conçues dans le but de diminuer le nombre de ces délits. Cependant, dans toutes les crises commerciales, les banqueroutes frauduleuses se sont toujours reproduites dans une proportion effrayante. L'ancienne législation avait prononcé la peine de mort contre les banqueroutiers frauduleux; le code pénal prononce des peines afflictives et infamantes, et ces lois ont été également impuissantes.

Un fait qui parle aussi haut, un fait qui s'est ainsi

(1) Il suffit de consulter les monumens de notre ancienne jurisprudence pour rester convaincu que les principes admis chez nous sur le concordat ont toujours été la cause des plus grands désordres dans les faillites. On peut voir notamment l'ouvrage de Boulainvilliers, au mot *Billen*, et le Traité des banques, banquiers et banqueroutes, par Mareschal. On trouve dans ce dernier ouvrage ces paroles remarquables sur les suites ordinaires du concordat : « Mais en France, dit Mareschal, on les voit (les banqueroutiers) « triompher impunément de la dépouille de plusieurs, être accom- « modés et vivre en délices à la vue de leurs créanciers qu'ils ont « rendus pauvres et nécessiteux. » Notez que cet auteur écrivait vers la fin du seizième siècle !

perpétué, malgré tous les efforts de la législation, ne décèle-t-il pas l'existence dans la loi même d'un vice intérieur qui a corrompu ses meilleures dispositions.

Après avoir demandé quelques enseignemens à l'histoire de la législation commerciale, essayons de fixer les principes du concordat ; nous présenterons ensuite quelques idées sur les moyens de lui donner une organisation nouvelle plus conforme à ces principes.

Si nous considérons la position du failli d'après les principes généraux des obligations, nous voyons que le failli ne peut trouver dans ses revers de fortune un motif valable pour se dispenser de remplir ses engagemens ; c'est principalement en considération de sa personne que le commerce a traité avec lui, sa fortune n'a été considérée qu'accessoirement ; il reste donc, plus que le débiteur ordinaire, personnellement obligé même après la perte de tous ses biens.

Sa libération ne saurait non plus résulter de la remise qui lui a été faite par le concordat, toutes les fois que cette remise n'est pas le résultat de la libre et pure volonté de ses créanciers. Cette vérité, d'une évidence frappante quant aux créanciers qui n'ont point accédé au concordat, ne peut être raisonnablement contestée à l'égard même des autres créanciers qui n'ont consenti à réduire leurs créances, qu'en cédant à la nécessité momentanée des circonstances de la faillite (1).

Cependant l'obligation contractée par la société de

(1) Voy. le passage de Savary précédemment rappelé en note.

protéger tous ses membres a fait venir au secours du commerçant tombé en faillite. On a senti que si on le laissait toujours sous le poids de tous ses engagemens, privé des moyens de rien faire d'utile pour améliorer sa position, ce commerçant se trouverait placé dans une position intolérable.

Ce droit du malheur dans la personne du failli se concilie heureusement avec l'intérêt même des créanciers; car ceux-ci, ayant presque toujours un très-grand avantage à placer le failli à la tête de ses affaires, sont portés par cela même à lui assurer certains avantages pour le déterminer à accepter librement l'administration des biens de la faillite.

Le concordat n'est donc qu'un traité fait avec la nécessité, dans le but, non de détruire, mais de modifier les droits des créanciers d'après la position du débiteur. C'est d'après ces vues que dans toutes les législations commerciales le concordat a toujours apporté certains tempéramens aux droits des créanciers.

La législation anglaise, qui a été conçue dans l'origine de manière à favoriser l'immense développement du commerce anglais, est éminemment bienveillante et protectrice pour le commerçant malheureux dans ses entreprises. Elle lui accorde, à titre de droit établi par des dispositions très-précises, des secours suffisans pour pouvoir essayer de rétablir ses affaires. Cette législation a prévu néanmoins les abus qui peuvent naître de la libération accordée au failli; elle emploie deux moyens pour les prévenir.

D'après les anciens statuts (1) les stipulations du concordat, qui déterminent la quotité des dettes qui doivent être payées par le failli, étaient réglées par les commissaires de la faillite réunis aux syndics des créanciers. Le dernier statut rendu sous le règne de Georges IV a modifié sur ce point la législation anglaise, en conférant aux seuls créanciers le droit de régler les conditions du traité; mais il n'exige pas moins des neuf dixièmes des voix en nombre et en sommes pour accepter la composition proposée par le failli (2). Il résulte de cette première disposition qu'il ne peut y avoir entre le failli et certains créanciers ces arrangemens particuliers qui produisent chez nous tant de désordres.

La faveur qu'on fait au failli de le libérer pour le restant de ses dettes n'est accordée qu'au commerçant tombé pour la première fois en faillite (3). Elle ne peut être réclamée dans le cas d'une seconde faillite, si le failli fait perdre plus de 25 p. 100 à ses créanciers. Cette disposition ne prévient pas sans doute tous les abus; mais du moins elle établit, d'une manière générale, une salutaire distinction entre les débiteurs malheureux et probes qui peuvent parcourir encore avec honneur la carrière commerciale, et ces débiteurs de mauvaise foi, véritables forbans du commerce, qui se

(1) Blackstone, chap. XXXI.
(2) Art. 133, 134.
(3) Blackstone, chap. XXXI, n° 3.

composent une fortune des dépouilles arrachées à de malheureux créanciers.

L'ancienne législation commerciale d'Italie, tout en accordant au failli les moyens de se rétablir, avait été plus rigoureusement prévoyante sur les suites du concordat; en considérant la remise faite au failli comme purement conditionnelle pour forcer les débiteurs à remplir en tous temps leurs engagemens, cette législation avait connu, avait servi les vrais intérêts du commerce.

Elle avait pourtant outré les principes, lorsqu'elle avait réputé de plein droit tous les membres de la famille comme participant à la fraude du failli, lorsqu'elle avait obligé les enfans à payer indéfiniment les dettes de leur père mort en état de faillite malgré leur répudiation. Dans des temps d'une profonde démoralisation, ces mesures sévères à l'égard de la famille pourraient être sans doute un frein salutaire à opposer contre les désirs cupides d'une fortune mal acquise; mais cette considération, toute puissante qu'elle soit, ne doit jamais faire fléchir ce principe d'éternelle justice, qui veut que les fautes soient purement personnelles, que chacun n'ait à répondre que des conséquences de sa propre conduite.

Deux principes, également incontestables, doivent servir à fixer les règles qui déterminent les effets du concordat.

D'abord l'équité indique clairement qu'on ne peut prendre de mesures, pour en prévenir les abus, qu'à l'égard du failli seul, hors les cas de participation à la fraude de la part des parens ou d'autres personnes.

Il n'est pas moins évident que les conditions du concordat doivent être réglées pour l'intérêt respectif des créanciers et du failli, sans sacrifier les droits des créanciers à l'intérêt exclusif du failli.

Toute la difficulté consiste à trouver des dispositions qui puissent concilier le respect des droits des créanciers avec le besoin de procurer au failli les moyens de rétablir son existence commerciale.

Les droits des créanciers sont déterminés d'après une juste distinction. Les ressources du failli sont de deux sortes : ressources actuelles ou qui peuvent se réaliser dans un délai plus ou moins long; ressources dans les chances de l'avenir, lesquelles ne peuvent être soumises à aucun calcul.

En stipulant pour le plus grand avantage commun, la majorité des créanciers a incontestablement le droit de déterminer la portion de la dette qui devra être payée par le failli eu égard aux biens présens, à quelles conditions, dans quel délai. Là sont les limites des droits de la majorité. Toute stipulation sur l'avenir manque ordinairement de base; toute stipulation sur l'avenir, si elle tend à libérer le débiteur, si elle est faite sans réciprocité d'avantage réel pour les créanciers (1), ne peut être considérée que comme disposition à titre gratuit; elle ne peut dès lors obliger

(1) Nous avons parlé, au titre de la réhabilitation, de la remise qui peut être accordée par la majorité, lorsque cette remise est le prix des sacrifices faits par la famille du failli.

les créanciers qui n'y adhèrent pas formellement.

Alors il s'agit de savoir si la libération définitive du failli doit être considérée comme condition nécessaire pour déterminer son acceptation du concordat et en même temps comme la voie la plus sûre pour lui procurer les moyens de rétablir ses affaires.

Ecartons les difficultés qu'on peut appréhender du côté de la volonté du failli pour arriver au concordat : il est clair que si on laisse au failli des chances raisonnables de rétablir ses affaires, il ne renoncera pas à des avantages connus qu'il doit trouver dans un commerce établi, pour courir après une situation nouvelle qui ne le laisserait pas moins obligé envers ses créanciers.

Si nous considérons maintenant la position du failli, du failli de bonne foi, dans ses rapports avec le commerce, nous serons bientôt convaincus que sa libération ne lui est pas aussi profitable qu'on le suppose généralement.

Quoiqu'on ait espéré lui procurer ainsi quelques moyens de crédit, en le débarrassant d'un passif qui excède son actif, en le régénérant en quelque sorte pour le rendre libre à la carrière du commerce, il n'est pas moins vrai que le commerce ne traite toujours qu'avec une défiance extrême, qu'avec des précautions infinies, que sous des conditions excessivement onéreuses pour le débiteur, avec un commerçant qui s'est trouvé au-dessous de ses affaires. Cet inconvénient se fait surtout sentir pendant tout le temps de l'exécution du concordat, et cette exécution a toujours plusieurs années de durée. Remarquons que c'est principalement dans ces premières années que le failli aurait besoin de facilités et de crédit; mais ce crédit, cette confiance si nécessaires, comment pourraient-ils être la conséquence de sa libération définitive à l'égard de la portion de dettes remise par le concordat, lorsque le terme de sa libération générale est éloigné et incertain pour les personnes qui peuvent être portées à traiter avec lui?

Généralement le failli ne trouve guère de ressources qu'auprès des personnes qui avaient des relations antérieures avec lui, qui, pour la plupart, doivent se trouver intéressées dans sa faillite. C'est là qu'il doit chercher les moyens de rentrer dans les affaires; mais qu'on ne croie pas que ce soit en sacrifiant avec trop de facilité les droits des créanciers qu'on procurera au failli les secours qu'il ne peut guère attendre que d'eux. Pour leur inspirer de la confiance ne serait-il pas nécessaire de leur garantir, au contraire, que leurs créances ne seront jamais éteintes contre leur volonté? Alors ces créanciers, qui auraient l'espoir de participer aux chances heureuses de leur débiteur, se montreraient plus empressés à venir à son secours; , ils se montreraient aussi moins rigoureux dans les stipulations du concordat; ils ne chercheraient point à lui imposer des engagemens au-dessus de ses forces réelles; par suite aussi les arrangemens se pratiqueraient plus facilement, plus loyalement; le commerce entier, trouvant dans la loi la certitude que ce débiteur ne pourra en aucun temps se soustraire à ses engagemens, serait aussi plus généralement disposé à lui accorder quelque crédit, toutes les fois qu'il paraîtrait le mériter par sa conduite et sa capacité pour les affaires.

C'est par de pareils moyens qu'on peut placer un commerçant failli dans une position qui le rapproche de la condition des autres commerçans, en lui procurant une marche plus libre dans les premiers temps qui suivent le concordat, en le faisant jouir pour les opérations entreprises après la faillite des facilités si précieuses dans le commerce, au lieu de le placer par une fausse combinaison dans un état de gêne et d'entrave qui paralyse son industrie dans le moment le plus décisif pour son avenir, qui rend toutes ses opérations difficiles, onéreuses à tel point, qu'il en résulte trop souvent que le failli de bonne foi, non-seulement ne peut réussir à rétablir ses affaires, mais qu'avec les meilleures intentions il ne peut pas toujours parvenir à remplir les obligations contractées par le concordat.

Ces considérations, puisées dans l'observation attentive de la position du failli après le concordat, nous autorisent donc à dire que le système du code, uniquement avantageux aux débiteurs de mauvaise foi, est aussi opposé aux véritables intérêts des débiteurs honnêtes qu'il est contraire aux droits des créanciers.

Quel peut être alors le moyen de concilier le respect des droits des créanciers avec la bienfaisante protection que la société accorde aux commerçans faillis?

Ce moyen est extrêmement simple. Il suffirait d'accorder au failli, ainsi que le fait d'ailleurs la loi anglaise, certains avantages aléatoires toujours proportionnés à la somme de ses ressources certaines, comme à l'étendue des pertes supportées par les créanciers. On fixerait ensuite un temps assez prolongé pendant lequel tous les engagemens existans lors de la faillite seraient assoupis et ne pourraient donner lieu à aucune action contre le failli. Par là les droits des créanciers seraient conservés, en même temps que le débiteur conserverait assez de liberté pour entrer de nouveau dans la carrière commerciale.

On trouve dans l'ancienne jurisprudence d'Italie une règle qui rentre parfaitement dans ce système (1). Dans les principes de cette jurisprudence, ce qui pouvait rester au failli, après les paiemens des dividendes convenus sur les biens existans et connus lors du concordat, devenait sa propriété insaisissable. Ses créanciers avaient seulement droit sur les biens qui pouvaient lui survenir par la suite; c'était une heureuse et juste distinction qui intéressait le failli à une bonne et sage administration des biens de la faillite, en rattachant son sort en quelque sorte au succès du concordat. Si l'on faisait passer cette disposition dans un nouveau régime du concordat, on pourrait en étendre le bienfait en accordant au failli, sur les biens qu'il peut acquérir postérieurement au concordat, une portion déclarée insaisissable par les créanciers de la faillite et déterminée d'après l'importance des acquisitions et des pertes éprouvées par les créanciers.

Mais ces mesures, si favorables pour le failli, dispen-

(1) Strhacca, de decoctoribus, part. VII. — Paul Caster, consilium 179, part. III. — Matheus Bruman, de Cessione bonorum, quest. XXII, sect. VII.

seraient-elles d'admettre une exception en faveur de cette classe recommandable de commerçans malheureux, d'hommes utiles aux progrès de l'industrie, que le commerce réclame comme étant nécessaires à sa considération et à sa prospérité ?

Quel que soit le degré d'intérêt qui s'attache à cette classe de faillis, nous croyons qu'on ne peut sans danger renoncer en leur faveur à des règles qui sont nécessaires pour assurer la solidité des transactions du commerce.

On ne saurait avoir oublié que les dispositions du code ont été établies avec l'intention bien expresse que le concordat ne profiterait qu'aux faillis dont la conduite aurait été constamment irréprochable. Cependant, malgré la garantie qu'on avait cru trouver dans l'intervention du juge-commissaire et dans celle du tribunal de commerce, le concordat avec tous les dangers de la remise d'une portion de la dette a profité indistinctement à tous les faillis, aux faillis qui ne voient dans un coucordat qu'un moyen facile de fortune, comme aux faillis qui étaient le plus dignes de cette faveur de la loi.

Soyons bien assurés que cet inconvénient se reproduira dans tout système qui fera prononcer sur le sacrifice que le concordat peut entraîner par des personnes qui n'y sont point directement intéressées ou qui ne doivent pas en souffrir personnellement. Le défaut de renseignemens suffisans, l'insouciance, la négligence, une fausse faiblesse de la part des juges-commissaires ou des tribunaux, de la part de la majorité des créanciers un calcul trop personnel, donneront toujours lieu aux nombreux abus que toutes les dispositions du code ont été impuissantes à prévenir.

Il n'est qu'un moyen, moyen légal et sans danger, pour procurer dans certains cas au failli une libération définitive; c'est de laisser chaque créancier disposer librement de ce bienfait. C'est son droit; et qu'on ne dise pas que cette faculté serait illusoire. Il est rare qu'un failli vraiment digne, par de grands malheurs immérités, de tout l'intérêt du commerce, n'obtienne pas de l'unanimité de ses créanciers un sacrifice généreux. Un commerçant qui, par un intérêt aveugle, ou par un sentiment de malveillance, s'opposerait à un sacrifice nécessaire serait déconsidéré parmi ses pairs. En laissant donc à chaque créancier la liberté de décider si les considérations qui entourent la personne du failli doivent déterminer le sacrifice d'une partie de ses droits, l'intérêt personnel joint aux sentimens de générosité généralement repandus dans le commerce, serait un guide éclairé qui conduirait toujours à un résultat plus sûr que toutes les combinaisons de la loi.

Ne craignons point de dire d'ailleurs que cette libération ne doit être accordée que par exception, comme une distinction destinée à consoler des infortunes irréparables, ou à récompenser une conduite constamment honorable. Cette sévérité de principe n'est que justice à l'égard du failli; pour le commerce c'est une condition d'ordre et de prospérité réelle.

Les débiteurs honnêtes ne peuvent se plaindre d'un régime modéré, qui les oblige il est vrai à l'accomplissement d'un engagement d'honneur toutes les fois que leur position leur en donne les moyens ; mais qui leur réserve, à titre aléatoire et d'encouragement, une partie des biens qu'ils peuvent acquérir de nouveau par leur travail et par l'emploi de leur industrie. Quant à l'intérêt du commerce, on a dit et l'on répète souvent qu'il est nécessaire que les faillites laissent après elles un souvenir pénible pour empêcher qu'on s'en fasse un jeu. C'est pour cela qu'on a frappé le failli d'une flétrissure qui ne peut cesser que par la réhabilitation ; c'est pour cela qu'on a cru devoir recourir à la mesure sévère de la détention provisoire, qui compromet toujours les intérêts des créanciers et du failli ; mais si la faillite ne doit pas être un jeu, si elle doit réfléchir sur l'existence entière du failli, que ce soit au moins d'une manière utile pour les créanciers. Or, quelle réparation plus naturelle, plus juste, plus nécessaire, peut-on imposer au failli que l'obligation de réparer autant que possible le préjudice qu'il a causé aux personnes qui avaient traité de confiance avec lui ?

Voici les dispositions qui sont le résultat des principes qu'on vient d'exposer.

La majorité des créanciers stipule toutes les conditions du concordat par rapport à la portion de dettes que le failli doit payer avec ses ressources présentes et connues.

La majorité des créanciers, ou plutôt le tribunal de commerce, accorde en même temps plusieurs années de répit à partir de l'exécution du concordat, pendant lesquelles toutes actions qui prennent leur source dans la faillite sont généralement suspendues.

Ce qui reste au failli, après l'exécution du concordat, sur les biens existans et connus à l'époque du traité, devient sa propriété insaisissable vis-à-vis des créanciers de la faillite; sur les bénéfices futurs la loi détermine en outre une portion qui lui est réservée au même titre, en prenant pour base l'étendue des acquisitions et des pertes subies par les créanciers.

La libération définitive du failli ne s'opère alors que par un paiement effectif, ou par la remise librement consentie par chacun des créanciers.

On sent très-bien que ce régime qui a pour but d'assurer l'exécution des engagemens des débiteurs commerciaux, dans une situation aussi compliquée et aussi difficile que celle de la faillite, ne peut être aussi simple qu'un système qui a éludé toutes les difficultés en supposant purement et simplement l'extinction des droits des créanciers (1). Il devient donc nécessaire d'insérer dans la loi des dispositions secondaires pour régler l'exécution des dispositions fondamentales.

Ces dispositions doivent avoir pour objet : 1° d'obliger, sous les peines les plus sévères, le failli concordataire à avoir des livres explicatifs de toute

(1) Les suites un peu éloignées de la faillite ont été complètement omises dans le code ; cela est si vrai qu'on n'y trouve aucune disposition pour régler les actions et les droits des créanciers, à l'égard du failli qui a acquis des biens après l'exécution du concordat, ou après le contrat d'union qui ne produit jamais l'extinction de la dette.

ses opérations , pour que les créanciers puissent en tout temps , ou à des époques périodiques , prendre connaissance de sa situation ; 2° à établir en faveur des personnes qui traitent avec le failli postérieurement à l'exécution du concordat un rang de priorité pour toutes les fournitures loyalement faites et suffisamment justifiées ; 3° à assurer à chaque créancier une part proportionnelle à sa créance sur toutes les acquisitions faites par le débiteur.

Ces mesures suffiraient dans les cas ordinaires. Lorsqu'il y aurait fraude de la part du failli pour se soustraire à ses engagemens, il y aurait lieu alors d'appliquer les peines prononcées contre les banqueroutiers frauduleux et contre leurs complices. L'expérience indiquerait en outre les précautions qui pourraient être prises par la suite, par rapport aux sociétés commerciales et à la propriété de certaines valeurs mobiliaires déclarées insaisissables, qui offrent tant de facilités à la mauvaise foi. Mais le moyen le plus sûr, pour assurer le triomphe de la loi sur la fraude, consisterait à organiser l'exercice de la contrainte par corps d'après la position exceptionnelle du débiteur failli. On pourrait, par exemple, attribuer au tribunal de commerce le droit de prononcer, comme jury d'équité, si la contrainte peut être exercée lorsqu'après l'expiration des années de répit accordées au failli ses créanciers se plaindraient que leur débiteur jouit notoirement de tous les avantages de la fortune, quoique ses ressources restent cachées. Par là le droit des créanciers et la sécurité du débiteur seraient également garantis contre toute injuste prétention. Si l'on ne parvenait point à extirper entièrement la fraude par cette mesure, on empêcherait du moins la jouissance publique et scandaleuse de ces fortunes indignement acquises dont les tranquilles possesseurs semblent braver les lois.

Ces dispositions, conformes aux idées de justice que nous avons précédemment rappelées, sont exclusivement dirigées contre le failli; sans trop de sévérité, elles offrent pourtant un moyen énergique et sûr de détruire les plus graves abus qui se commettent dans les faillites.

Elles auraient nécessairement pour effet de diminuer le nombre des banqueroutes frauduleuses, en ôtant aux faillis la possibilité de profiter de la fraude. Ce résultat serait d'une influence heureuse sur la morale du commerce, en détruisant la contagion des exemples dangereux qui ont trop affaibli le sentiment de la bonne foi chez les débiteurs. Il contribuerait aussi à asseoir le crédit commercial sur des bases plus solides, car ce crédit dépend surtout de la force des institutions qui garantissent l'exécution des engagemens.

Cette influence déjà très-étendue se ferait encore remarquer sous d'autres rapports.

Toutes les suites des engagemens devant toujours se faire sentir dans un long avenir pour les débiteurs, les opérations commerciales deviendraient plus conformes à la véritable destination du commerce. Le commerce serait alors plus généralement une affaire d'ordre, d'exacte probité, de sages spéculations, de lente économie, et non plus seulement une simple affaire de jeu, d'un jeu d'autant plus effréné qu'une partie des personnes qui tentent par cette voie les hasards de la fortune ne compromettent bien souvent que des fonds qui ne leur appartiennent point. On verrait donc bien moins de banqueroutes ordinaires, de ces banqueroutes suites de la dissipation, de l'inconduite, de l'imprudence, qui se multiplient d'une manière effrayante sous un régime qui délie les débiteurs de leurs engagemens avec une trop grande facilité.

Les faillites seraient aussi généralement moins désastreuses, parce que les commerçans obérés, prévenus de toutes les conséquences d'une conduite imprudente, sauraient s'arrêter à propos dans une position qui ne pourrait qu'aggraver leur sort dans l'avenir, en compromettant trop fortement les intérêts de leurs créanciers.

La loi, assurant d'ailleurs de suffisantes ressources à tous les débiteurs honnêtes et capables, également favorable aux créanciers, aux débiteurs, au mouvement des affaires, ne pourrait être contraire qu'à ces hommes qui ne savent qu'abuser des ressources du crédit, que le véritable commerce désavoue, qu'il a intérêt de repousser : heureuse distinction qui ressort de la nature même des choses et sur laquelle le commerce aurait à prononcer seul, qui lui offre un moyen aussi juste qu'infaillible de régulariser sans danger le principe de la libre concurrence, d'assurer, en un mot, la liberté vivifiante de l'industrie en la préservant de la licence.

C'est ainsi que le seul retour au principe du droit

commercial, qui réclame par-dessus tout la solidité des engagemens, ferait cesser de nombreux abus nés de la violation ou de l'oubli de ce principe.

Tel est le régime du concordat que nous a suggéré le spectacle des désordres produits à toutes les époques par des usages qui ont été adoptés avec trop peu d'attention.

Nous avons vu les inconvéniens principaux du système du code, les avantages inappréciables qui pourraient résulter de l'adoption d'un principe plus conforme à l'esprit général des lois commerciales. Le régime du concordat que nous avons déduit de ce principe, reconnu nécessaire et admis chez des peuples qui ont parcouru long-temps avant nous un vaste champ d'opérations commerciales, se trouve encore implicitement consacré par les dispositions de la loi anglaise.

Il contrarie sans doute des idées généralement reçues depuis long-temps et des habitudes invétérées dans le commerce; mais on ne voudra pas rejeter sans examen un système qui repose sur les bases immuables du droit et de la justice. Nous ne méconnaissons ni la réalité ni la gravité des difficultés qu'on ne manquera pas d'opposer; tout ce que nous désirons c'est qu'on veuille examiner sans préoccupation, avec maturité, d'une manière large et indépendante de tout préjugé, des questions que nous n'avons pu qu'indiquer et qui touchent de toutes parts aux intérêts les plus importans et les plus délicats pour le commerce.

Si l'on examine, sous ces divers rapports, la question la plus compliquée et la plus ardue que puisse présenter l'organisation du concordat, on finira peut-être par reconnaître que le parti le plus juste doit être aussi le parti le plus avantageux pour le commerce.

DES BANQUEROUTES.

« Quelque inconvénient se fait-il sentir dans un état, un gouver-
« nement violent veut soudain le corriger, et au lieu de faire exé-
« cuter les anciennes lois, on établit des peines cruelles qui arrêtent
« le mal sur-le-champ, mais on use le ressort du gouvernement et
« l'imagination se fait à cette grande peine comme on s'était fait à
« la moindre......

« Qu'on examine la cause de tous les relâchemens, on verra
« qu'elle vient de l'impunité des crimes et non pas de la modération
« des peines. »

Esprit des lois, liv. VI chap. XII.

Il semble que Montesquieu ait voulu parler ici des lois pénales qui ont été portées à diverses reprises contre les banqueroutiers. Toutes les fois, en effet, qu'on a vu les banqueroutes se multiplier on a voulu les arrêter en établissant des peines excessivement sévères, sans qu'on ait cherché à se rendre un compte assez exact des causes qui avaient rendu les anciennes lois inefficaces.

Nous ne voulons point retracer le tableau des supplices infligés aux banqueroutiers à différentes époques et en divers lieux; ce tableau serait effrayant. Qu'il suffise de dire qu'on est allé jusqu'à croire à la nécessité de remettre en vigueur cette loi des douze tables qui prononçait contre les débiteurs insolvables une peine si atroce qu'on a douté avec raison qu'une pareille loi ait pu jamais exister.

Nos anciennes lois françaises se sont aussi ressenti de cette excessive sévérité. L'ordonnance du mois de mai 1609, rendue sous le règne d'Henri IV, avait prononcé la peine de mort pour le crime de banqueroute frauduleuse, et cette disposition fut renouvelée par l'art. 12 de l'ordonnance de 1673.

Il ne faut pas trop s'étonner d'un excès de sévérité qu'on put croire nécessaire alors, puisque cette erreur fut partagée par Henri IV. Ce bon et sage prince, secondé par Sully, avait ramené l'ordre et l'économie dans l'administration des finances du royaume. « Je paie mes dettes, disait-il, je veux que mes sujets paient les leurs. » Sa grande ame n'avait pu se défendre d'une profonde indignation pour un genre de délit qui compromet la fortune publique en détruisant la confiance du commerce, contre lequel aussi il est impossible de se défendre.

Aujourd'hui, grace aux heureux progrès des lumières, on ne conteste plus le principe posé par ontesquieu. Il est généralement reconnu, parmi tout ce qu'il y a d'esprits éclairés, que les peines afflictives et infamantes prononcées par le code pénal contre les banqueroutiers sont assez réprimantes; les banqueroutes trop multipliées qui ont eu lieu sous le code n'ont pas eu d'autre cause que l'imperfection d'un régime insuffisant pour assurer l'exécution des lois répressives.

Nous avons vu, dans le chapitre relatif à la juridiction particulière aux faillites, combien l'organisation des tribunaux de commerce permet peu d'espérer un système de répression véritablement efficace; c'est pourquoi nous avons cherché à faire sentir la nécessité d'établir au sein de ces tribunaux un magistrat spécialement chargé de rechercher un genre de délit qui échappe aux investigations ordinaires de la justice. C'est là, certainement, le moyen le plus énergique qu'il soit possible d'employer pour prévenir les banqueroutes frauduleuses, en mettant un terme à une dangereuse impunité.

Les dispositions concernant les livres du failli doivent ensuite fixer l'attention.

Les livres d'un commerçant contiennent les traces de toutes ses opérations, qui ne sauraient être constatées d'une autre manière. Si ces livres sont nécessaires pour prouver les transactions dans un intérêt privé, ils sont nécessaires aussi pour constater les caractères d'une faillite, puisqu'ils présentent le tableau complet de toute la conduite du failli.

Il résulte de là deux obligations pour le législateur : les dispositions de la loi qui concernent la tenue des livres doivent garantir que ces livres présenteront toujours le fidèle tableau des opérations d'un commerçant; il faut aussi qu'un commerçant failli ne puisse jamais se désespérer de produire ses livres à la justice.

Quelles sont les dispositions du code sur ces deux objets importans?

Les art. 8, 9, 10, 11, 12, 13 contiennent toutes les règles relatives à l'obligation imposée à tout commerçant d'avoir des livres constatant toutes les opérations de son commerce, aux conditions nécessaires pour leur donner la forme probante, aux suites de leur présentation ou du défaut de présentation sous le rapport de la preuve juridique.

Toutes ces dispositions sont combinées avec sagesse; malheureusement il se trouve qu'il y a impossibilité absolue d'exécution pour la disposition la plus importante de toutes, celle qui exige que les livres soient cotés et paraphés par un juge du tribunal de commerce, par le maire ou un adjoint. Il est certain du moins que dans les grandes villes on se sert assez généralement de livres qui ne présentent point cette garantie légale (1).

Les dispositions qui déterminent ensuite, par rapport au failli, les suites du défaut de présentation des livres en règle sont renfermées dans les articles 587, 593 et 594.

On peut remarquer qu'ici les rédacteurs du code ont évité d'établir une règle absolue, pour statuer suivant les divers cas. Ainsi l'art. 593 est le seul qui dé-

(1) A Paris, tout commerçant qui veut donner à ses livres la forme prescrite par le code peut s'adresser au tribunal de commerce. Au milieu de leurs pénibles fonctions les membres du tribunal trouvent encore le moyen de répondre aux demandes du commerce. Cet acte d'un dévouement digne des plus grands éloges, n'infirme point ce que nous avons dit, en général, de l'impossibilité d'exécuter l'art. 11 dans les grandes villes de commerce; il est certain qu'à Paris même la plus grande partie des livres ne sont point présentés au visa; on peut douter aussi que l'art. 11 puisse s'exécuter, si cette énorme quantité de livres qui doivent être légalisés chaque année, était régulièrement soumise à cette formalité.

clare formellement banqueroutier frauduleux le failli qui a caché ses livres. La disposition de l'art. 594, simplement facultative, dit qu'on peut poursuivre et condamner comme banqueroutier frauduleux le failli qui n'a pas tenu de livres, ou dont les livres ne présentent pas sa véritable situation active et passive; enfin l'art. 587 porte aussi qu'on peut poursuivre comme banqueroutier simple le failli qui présente des livres irrégulièrement tenus sans qu'il y ait fraude, ou qui ne les présente pas tous.

On aperçoit de suite le côté défectueux de ces dispositions. En effet, il est bien difficile, pour ne pas dire impossible, de prouver qu'un failli a caché ses livres. Les débiteurs qui ont intérêt de dissimuler leurs opérations ne manquent pas d'ailleurs de prétextes pour se dispenser de produire leurs livres. De là il résulte que les banqueroutiers ont toutes les facilités possibles pour échapper aux poursuites de la justice.

Il est donc vrai que les dispositions du code, concernant la tenue et la présentation des livres, ne remplissent aucune des conditions nécessaires pour asseoir un bon système de répression. En vain la loi a-t-elle prononcé des peines sévères pour les crimes de banqueroute frauduleuse; en vain aurait-on même établi un magistrat spécialement chargé de rechercher et de poursuivre ce genre de délit; tout ce système de répression manquera nécessairement de base tant qu'on ne mettra pas constamment à la disposition de la justice les pièces les plus nécessaires pour découvrir et convaincre les banqueroutiers.

Nous avons vu qu'il y avait deux conditions à remplir pour atteindre ce but.

Pour assurer la forme probante des livres du commerce il suffit de faciliter l'exécution de l'art. 11 du code, qui veut que les livres soient cotés et paraphés par un fonctionnaire public. Tant que cette condition essentielle ne sera pas généralement exécutée on sera exposé à n'obtenir que des livres sans caractère légal, qui ne peuvent offrir que des renseignemens incertains et trompeurs; mais s'il est bien reconnu qu'il est impossible que l'art. 11 puisse s'exécuter, partout où le nombre des juges est trop restreint relativement à la multiplicité des livres qui doivent être soumis au visa, ne pourrait-on pas instituer, dans chacune des villes de commerce les plus importantes, quelques fonctionnaires publics chargés de ce soin, en leur prescrivant d'observer toutes les précautions établies pour les registres de l'état civil. C'est un moyen sûr et facile de donner à tous les livres de commerce un caractère de fixité qui rendrait tout changement impossible de la part des débiteurs de mauvaise foi.

Il y a plus de difficulté quant aux dispositions qui concernent l'obligation imposée aux faillis de représenter leurs livres.

Pour que cette obligation soit toujours exécutée, il est de toute nécessité de l'imposer par une disposition impérative et absolue. C'est un point qui avait été reconnu même sous l'ancienne législation. L'ordonnance de 1673 n'avait d'abord envisagé le défaut de livre-journal que comme une simple présomption, mais la déclaration de 1722 la considérait comme preuve directe de banqueroute frauduleuse, et les réformateurs de l'ordonnance avaient observé avec grande raison que la loi ne serait pas exécutée tant qu'on ne prendrait pas ce parti.

On ne doit pourtant pas se dissimuler, quelles que soient les dispositions de la loi à cet égard, qu'il y aura toujours un certain nombre de commerçans, surtout dans le commerce de détail, et même dans le commerce de gros qui se fait dans les campagnes, qui, sans avoir eu aucune intention de fraude, n'auront point tenu de livres ou ne les auront tenus que fort irrégulièrement, auxquels par conséquent on ne peut sans une violence injuste appliquer les peines réservées aux banqueroutiers frauduleux.

Ainsi, la difficulté est d'atteindre par une mesure générale tous les faillis qui ne rapportent point de livres, sans qu'il soit nécessaire d'administrer contre eux aucune preuve, et de donner pourtant au failli, qui n'a à s'imputer qu'une simple négligence, tous les moyens de justifier qu'il a agi sans intention criminelle.

Nous croyons que ce but peut être atteint au moyen d'une disposition générale, qui déclarerait banqueroutier frauduleux tout failli qui ne représenterait pas le livre-journal et le livre des inventaires exigés par la loi, tout failli qui ne produirait que des livres irrégulièrement tenus, ou dont les livres ne présenteraient pas sa véritable situation active et passive, sauf toutefois au failli, qui se trouverait dans l'un des cas exprimés, à se faire déclarer excusable, en prouvant sa bonne foi.

Cette mesure est aussi juste qu'elle serait efficace.

Les dispositions claires et formelles des art. 8, 9 et 13 du code, les besoins et les habitudes du commerce font supposer nécessairement que tout commerçant tient régulièrement les livres qui sont indispensables pour constater les opérations de son commerce. Le commerçant failli qui ne rapporte point de livres, ou qui ne rapporte que des livres informes, doit donc être de plein droit réputé en état de fraude. Il faut bien sans doute que celui qui n'a qu'à s'imputer une négligence imprudente soit admis à se justifier; mais c'est à lui de prouver sa bonne foi; c'est à lui de le faire par des renseignemens précis : toutes les présomptions s'élèvent contre lui; d'ailleurs il possède seul les moyens d'expliquer sa conduite commerciale. C'est par de semblables précautions qu'on peut fortifier le système de répression dirigé contre les banqueroutiers frauduleux.

En rapprochant des observations qui précèdent ce que nous avons dit en parlant du ministère public, on voit que ce système de répression consiste à établir un magistrat spécialement chargé de rechercher un genre de délit qui échappe aux investigations ordinaires de la justice, et à donner en même temps à ce magistrat tous les renseignemens nécessaires pour découvrir et convaincre les banqueroutiers; il faut, en un mot, mettre en action contre les banqueroutiers ce principe si juste proclamé par Beccaria : *La certitude du châtiment doit toujours accompagner le crime comme l'ombre suit le corps.*

Il nous reste à parler de la banqueroute simple, qui fut inconnue sous l'ancienne législation.

On s'était plaint depuis long-temps que la fraude n'était pas la cause la plus fréquente des désordres dans le commerce. Les commissaires chargés de reviser l'ordonnance de 1673 proposèrent les premiers de distinguer la banqueroute simple de la banqueroute frauduleuse, en proportionnant les peines à chaque nature de délit : « La peine d'infamie, avaient-ils dit, « la peine d'infamie contre le débiteur dans le cas de « dissipation aurait prévenu peut-être et empêché plus « de banqueroutes que la peine de mort prononcée « contre le banqueroutier, car le crime marche ordi- « nairement à la suite de la corruption des mœurs. »

Les mêmes vues ont aussi dicté les art. 586 et 587 du code : « On a voulu, a dit l'orateur du gouverne- « ment, réprimer le luxe scandaleux et l'imprudence « des spéculations hasardées par la crainte du nom de « banqueroutier et des peines correctionnelles atta- « chées à la banqueroute d'inconduite. »

Cette louable intention a-t-elle eu son effet ?

Les plaintes qui s'élèvent de toutes parts contre l'éclat scandaleux du luxe dans le commerce et la témérité des entreprises ont suffisamment répondu à cette question.

Ce résultat s'explique facilement.

La conduite d'un commerçant se compose de faits successifs qui présentent des nuances infinies sous le rapport de l'ordre, de l'économie, de la moralité. L'usage étant bien près de l'abus, la simple imprudence de la faute, il est bien difficile de distinguer le point qui les sépare. Il devait donc y avoir beaucoup d'arbitraire dans l'appréciation des faits, d'incertitude dans le résultat, et dès lors des chances multipliées pour les débiteurs d'échapper à la rigueur de la loi.

Il n'est donc pas étonnant que la perspective éloignée d'une punition aussi incertaine ait peu d'influence sur l'esprit d'un commerçant qui se trouve entraîné dans des voies hasardées par des habitudes présentes, qui agissent toujours avec une si grande force. Mais ce qui a contribué encore à détruire toute l'influence des dispositions pénales par lesquelles on avait cru retenir les hommes imprudens, c'est l'intérêt des créanciers qui s'identifie au sort du failli, et qui assure presque toujours l'impunité du failli, quelque blâmable qu'ait pu être sa conduite antérieurement à la faillite.

C'est pour cela que nous avons cherché, dans les dispositions relatives au concordat, un moyen plus efficace de combattre dans le commerce des habitudes dangereuses. Il est à croire, qu'en laissant le failli sous le poids de ses engagemens, on arriverait plus sûrement au but et d'une manière plus avantageuse pour les créanciers. Cette continuité d'obligation, inévitable résultat d'une conduite imprudente, est, sans contredit, le moyen le plus convenable et le plus certain pour faire sentir aux personnes qui se livrent aux spéculations du commerce qu'elles doivent toujours se tenir dans les bornes d'une administration prudente et économe.

Si ces vues étaient accueillies, on pourrait réduire les cas de banqueroute simple à des faits précis, mais qui ne sont point assez graves pour constituer le crime de banqueroute frauduleuse.

Quelque opinion qu'on puisse se former à cet égard, on ne peut se dispenser d'apporter quelques changemens aux dispositions du code qui règlent la poursuite de la banqueroute simple.

Indépendamment de la proportion des peines appliquées à la banqueroute frauduleuse et à la banqueroute simple, il est dans la nature de ces deux sortes de délits une différence très-prononcée. Que l'on consulte les art. 586 et 587 qui déterminent les divers cas de banqueroute simple, on reconnaîtra facilement qu'il ne s'agit point ici d'un délit ordinaire. Certes, le commerçant qui fait des dépenses excessives, qui se livre à des opérations de pur hasard, qui fait des emprunts considérables, qui vend des marchandises à perte ou au-dessous du cours, qui donne des signatures de crédit, et cela dans une situation où il n'ignore point que son passif excède de beaucoup son actif, peut bien être considéré comme faisant un usage abusif du crédit commercial ; mais dans les principes du droit criminel il ne commet pas un véritable délit, toutes les fois qu'il n'a pas employé des moyens frauduleux envers ses créanciers.

Ce sont principalement les créanciers qui ont à se plaindre de l'abus qui a été fait à leur égard du crédit commercial; mais en considérant les intérêts qu'ils peuvent avoir dans la faillite de leur débiteur, on sait qu'alors même qu'ils ont le plus à se plaindre du failli, assez généralement les créanciers ont le plus grand intérêt d'éviter toutes poursuites, soit parce qu'ils ont besoin de conserver leur débiteur à la tête de ses affaires pour qu'il en tire un parti convenable, soit parce qu'ils veulent éviter les embarras d'une instruction qui retarderait la liquidation de la faillite : toutes les fois que le failli n'est point banqueroutier frauduleux, il faut donc admettre que sa conduite doit être appréciée, sa position fixée, conformément à l'intérêt de la masse des créanciers, d'après le principe qui est la base de toutes les dispositions de la loi des faillites.

Cependant l'art. 588 permet que la banqueroute simple soit poursuivie, ou sur la demande de tout créancier du failli, ou sur la demande d'office du ministère public. Ce droit de poursuite individuelle par chacun des créanciers est contraire à l'économie de la loi. Elle produit aussi des inconvéniens très-réels. Quelques créanciers ne craignent pas d'en abuser pour arracher au failli quelques concessions au détriment des intérêts de la masse. Le droit d'instruire et de poursuivre d'office n'est pas moins dangereux dans les mains du ministère public, puisqu'il peut être contraire à la volonté comme à l'intérêt des créanciers.

On voit dès lors comment il est nécessaire d'attribuer exclusivement à la majorité des créanciers le droit de faire poursuivre le failli comme banqueroutier simple, soit par les commissaires représentant la masse, soit par le ministère public sur la plainte portée par les syndics au nom de la masse; aussi les réformateurs de l'ordonnance de 1673 avaient-ils reconnu cette nécessité.

Cette mesure doit s'étendre aussi à la poursuite en banqueroute frauduleuse, toutes les fois qu'elle a lieu sur la seule demande des créanciers; mais à l'égard du ministère public il ne peut en être de même : aucune considération n'est assez forte pour lui enlever le droit d'instruire et de poursuivre d'office dans le cas de banqueroute frauduleuse : alors il y a crime ; la société est intéressée ; ici d'ailleurs l'intérêt des créanciers se confond avec l'intérêt de la vindicte publique.

DE LA RÉHABILITATION.

A DÉFAUT de l'obligation civile, qui s'éteint ordinairement dans la formation du concordat, on a cherché, par l'influence morale de la réhabilitation, d'engager les débiteurs faillis à se libérer entièrement lorsqu'une meilleure fortune leur en procure les moyens. Quoique cette mesure puisse paraître moins nécessaire dans un système qui laisserait subsister l'action des créanciers, elle est cependant toujours utile, par cela seul qu'elle offre aux débiteurs un motif de plus pour s'efforcer de remplir leurs engagemens.

Nous avons remarqué déjà que le principe de la réhabilitation, tel qu'il est organisé par le code, ne peut offrir au commerce que de bien faibles secours; c'est une vérité qui va ressortir de l'examen attentif de la loi.

Tout le système du code est renfermé dans la disposition de l'art. 605; les autres articles ne font que régler l'exécution de cette disposition principale.

Cet article veut que le demandeur en réhabilitation joigne à sa pétition les quittances et autres pièces propres à justifier qu'il a acquitté intégralemeut toutes les sommes par lui dues, en principal, intérêts et frais.

Ce système est défectueux sous deux rapports.

On est parti de cette idée qu'il n'y a point de réhabilitation possible pour le failli s'il ne peut parvenir à désintéresser complètement ses créanciers. C'est pourquoi la loi n'admet aucun terme moyen. Mais avec une disposition aussi absolue on sacrifie cette classe nombreuse et intéressante de faillis qui ont la volonté de remplir leurs engagemens, autant qu'il peut être en eux de le faire, et que la fortune ne favorise pourtant point assez pour leur procurer les moyens de se libérer intégralement. C'est donc un premier et grave inconvénient que le principe de la réhabilitation doive nécessairement rester sans effet alors qu'il pourrait exercer une influence plus générale.

D'un autre côté, les dispositions qui concernent les garanties exigées pour s'assurer du strict accomplissement des conditions desquelles on fait dépendre la réhabilitation du failli, sont tout-à-fait insuffisantes.

Toutes ces garanties se réduisent, en dernière analyse, au dépôt prescrit par l'art. 605 concernant les quittances et autres pièces qui établissent la libération définitive; mais tout se passe ici entre le failli et les créanciers. Comme les créanciers n'ont ordinairement aucune action directe, qu'ils ont d'ailleurs trop d'intérêt à recouvrer une partie quelconque de leurs créances, on peut facilement prévoir qu'ils seront à la discrétion de leur débiteur. C'est aussi ce qui a lieu; bien loin d'être toujours un acte complètement honorable, la réhabilitation n'est souvent qu'un acte mensonger, un véritable marché à forfait sur l'honneur du failli, dont le failli se tire au plus bas prix possible.

Tels sont les inconvéniens très-réels que les dispositions du code présentent dans l'exécution. Il nous sera facile de montrer que des dispositions aussi peu efficaces n'ont été adoptées que parce qu'on ne s'est pas rendu assez compte du principe de la réhabilitation, ni des effets que la réhabilitation doit avoir tant à l'égard des créanciers qu'à l'égard du failli.

Les incapacités qui sont attachées à l'état de failli ne sont pas établies comme peines; cela ne saurait être, car bien souvent le failli n'est qu'un commerçant malheureux et digne d'intérêt.

La réhabilitation a évidemment un double but. En même temps qu'elle offre à des débiteurs malheureux les moyens de sortir de l'état d'indignité résultant de la faillite, elle procure aussi aux créanciers la réparation des pertes que la faillite leur avait fait éprouver. C'est donc sous ces rapports essentiels que la réhabilitation doit être établie.

On voit dans quelle erreur sont tombés les auteurs de la loi, lorsqu'ils ont dit dans leurs motifs *qu'ils avaient cherché à rendre la réhabilitation plus difficile pour qu'elle soit plus honorable* (1). Non sans doute, pour que la réhabilitation puisse produire tout l'effet qu'on en attend, il ne s'agit pas seulement d'obtenir quelques exemples rares d'un héroïque dévouement; ce qu'il faut surtout, ce sont des règles d'une application usuelle, des règles sagement adaptées aux diverses positions du failli, qui puissent rendre la réhabilitation plus généralement féconde en résultats heureux pour les débiteurs et pour les créanciers.

(1) Discours de l'orateur du gouvernement.

Ce point reconnu, toute la difficulté consiste à présenter constamment aux débiteurs des avantages proportionnés, autant que possible, aux efforts qu'ils peuvent faire pour sortir de la situation pénible résultant de l'état de faillite; mais il faut aussi que ce but soit atteint sans contrarier le principe de la réhabilitation, c'est-à-dire sans faire violence à la nature des choses.

Si nous considérons la situation du failli sous le rapport des incapacités qui rendent la réhabilitation nécessaire, nous trouvons que notre législation prononce contre lui deux sortes d'incapacités bien distinctes. D'abord la faillite entraîne forcément la perte des droits politiques du failli, et c'est là une incapacité absolue et d'ordre public. Mais, indépendamment de cette incapacité, la loi prononce en outre des incapacités purement civiles, établies principalement dans l'intérêt des créanciers, incapacités qu'on peut également étendre ou restreindre sans inconvénient. Telles sont les dispositions qui interdisent au failli l'exercice de certaines professions (art. 83, Code de com.) ou les dispositions qui le privent des avantages qui appartiennent aux autres commerçans (art. 614).

Cette distinction nous conduit au but proposé, puisqu'elle permet d'admettre deux changemens possibles dans la position du failli; savoir : en première ligne, sa réhabilitation proprement dite, qui comprend l'universalité des droits dont il jouissait avant sa faillite, et dans un degré inférieur, sa simple réintégration dans ses droits purement civils.

Il est certain que la réhabilitation proprement dite

ne peut être accordée au failli qui n'est pas complètement libéré. La raison dit, en effet, qu'un citoyen qui se trouve dans un état d'humiliation et dans une sorte de dépendance à l'égard de ses créanciers, ne peut exercer aucun pouvoir public dans la société; c'est là un principe incontestable, invariable, qui a été consacré dans tous les temps.

En admettant ce principe dans toute sa force, nous ne croyons pourtant pas qu'il doive nécessairement conduire dans l'application à des dispositions aussi rigoureuses que celles qui sont établies par le code.

Nous présenterons sur ce point deux observations.

Le code exige qu'indépendamment du paiement du principal des créances et des frais, le failli paie aussi tous les intérêts qui ont pu courir depuis la cessation de paiement. Cette obligation imposée au failli augmente considérablement la masse des dettes. Elle ne peut que diminuer de beaucoup le nombre des réhabilitations; par cela même elle est contraire aux intérêts des créanciers. D'ailleurs, dans les idées du commerce, où les intérêts ne représentent presque toujours qu'une partie des bénéfices faits sur la négociation qui a donné naissance à la créance, on ne considère guère comme une perte réelle le sacrifice de quelques intérêts. Peut-être alors jugera-t-on qu'il n'y aurait aucun inconvénient d'admettre une faveur que les habitudes du commerce ne repoussent point, en accordant la réhabilitation au failli qui aurait payé le principal des créances et les frais.

C'est principalement pour servir les intérêts du commerce que la loi frappe le failli d'une flétrissure morale qui ne peut cesser que par la réhabilitation. Il est cependant tels revers de fortune qui ne laissent à un malheureux failli aucune chance de rétablissement; pour lui la faillite entraîne donc, sans aucun but d'utilité, une flétrissure ineffaçable.

Il est certainement à désirer que le code puisse offrir une voie légale pour venir au secours de cette classe de faillis, et c'est un des avantages que présente le système du concordat que nous avons précédemment exposé. En établissant une distinction entre la remise volontaire et la remise forcée, nous avons dit que le failli ne pouvait être définitivement libéré, à l'égard de la portion de ses dettes qu'il ne paie pas, que par la volonté libre et spontanée de l'unanimité de ses créanciers; mais aussi le failli qui est ainsi déchargé d'une portion de ses dettes, d'après les règles du droit commun, doit être considéré comme libre de toute espèce d'engagemens, soit naturels, soit civils. C'est donc une conséquence forcée que la réhabilitation de ce débiteur suive immédiatement l'exécution parfaite du concordat.

On conçoit alors la possibilité de modifier, sous ces deux rapports, des dispositions trop rigoureuses à l'égard de la réhabilitation proprement dite.

Mais les améliorations les plus importantes à faire au système du code doivent consister surtout à présenter à tous les faillis généralement un encouragement, une récompense, pour les efforts qu'ils peuvent faire dans l'intérêt de leur libération, lors même que ces efforts ne peuvent leur procurer l'honneur de la réhabilitation.

La distinction que nous avons reconnue entre les diverses sortes d'incapacités nous en offre le moyen. On peut disposer, en effet, que le failli qui aura payé une portion déterminée des dettes restées dues après l'exécution du concordat, sera réintégré de plein droit dans la jouissance de tous ses droits civils. C'est ainsi que tout failli qui aurait montré un généreux dévouement à ses engagemens pourrait embrasser des professions utiles, telles que celles de courtier de commerce ou d'agent de change, que la loi interdit en général aux faillis. Il jouirait aussi de toutes les prérogatives qui appartiennent aux autres commerçans, excepté celle d'exercer les fonctions importantes de juge du commerce qui ne peuvent appartenir qu'à une position parfaitement indépendante; on donnerait d'ailleurs à l'acte de réintégration dans les droits civils, comme à la réhabilitation, toute la publicité possible pour la rendre honorable aux yeux du commerce. Remarquez que ce changement est d'autant plus nécessaire qu'on ne peut se dissimuler que ces sortes d'incapacités vont contre le but de la loi, puisqu'elles tendent à priver les faillis d'une profession qui leur serait souvent utile pour réparer des pertes essuyées dans le commerce.

Il est une autre mesure bien propre à compléter le régime des faillites, et qui trouve naturellement sa place ici. Cette mesure consisterait à donner à la majorité des créanciers le droit d'accorder la remise définitive d'une partie de la dette lorsque après l'exécution du concordat, et seulement alors, sur la dette non acquittée par le failli, la famille du failli paierait, avec ses propres ressources, une portion suffisante pour dédommager la masse des créanciers du sacrifice de ses autres droits.

Tels sont les divers points de vue sous lesquels il nous paraît utile de modifier les principaux articles du code sur la réhabilitation. Les avantages qui pourraient résulter des dispositions diverses dont nous avons expliqué les motifs seront facilement appréciés. Plus justes envers les faillis que le sytème du code, ces dispositions seraient aussi plus conformes aux intérêts des créanciers. Un système ainsi tempéré ne pourrait avoir qu'une influence favorable sur l'esprit du commerce, en ramenant les débiteurs par des degrés successifs au strict accomplissement de leurs engagemens, en ranimant aussi par d'heureux encouragemens ces sentimens d'honneur qui sont aujourd'hui trop souvent éteints dans les familles.

Dans un moment, surtout, où l'on se plaint d'un relâchement trop commun dans les principes qui donnent au commerce la considération qui lui est nécessaire, c'est par des moyens ainsi ménagés, et non par des dispositions trop rigides, qu'on peut espérer d'obtenir une amélioration réelle dans les mœurs et dans les habitudes commerciales.

Pour compléter les observations que nous avions à présenter sur ce dernier chapitre, il ne nous reste plus qu'à assurer l'accomplissement des conditions prescrites par la loi. Cette partie ne présente point de difficulté réelle. Les mesures nécessaires sont déjà indiquées par le code; il s'agit seulement de les approprier à cet acte particulier : que la libération s'effectue dans la réunion générale des créanciers, en présence de la justice; que le débiteur soit astreint à porter les livres qui doivent éclairer la conduite d'un commerçant dans toutes les situations; qu'on prescrive, si on le croit nécessaire, la double affirmation des créanciers et du débiteur; alors on peut être assuré que toutes les conditions prescrites seront strictement accomplies, et que la réhabilitation ne sera plus un vain simulacre, mais une institution sérieuse et véritablement salutaire.

Nous avons parcouru les divers chapitres du livre III du code qui constituent plus particulièrement le régime des faillites et des banqueroutes.

L'esprit d'examen qui doit présider à la réforme d'une loi aussi importante était indiqué d'avance par la nature des intérêts que cette loi est destinée à régir.

Procurer toutes les garanties possibles aux personnes qui sont intéressées dans la faillite et concilier ces garanties même avec l'économie des frais, avec la simplicité des formes, avec la rapidité de la procédure, si désirables pour le commerce; en prenant aussi toutes les précautions réclamées par l'intérêt des créanciers, ne point aggraver sans nécessité la position du débiteur; donner ensuite à la loi un caractère de grande moralité, en repoussant soigneusement tous les genres de fraude, en maintenant la force des engagemens commerciaux; enfin, par une bonne organisation des pouvoirs judiciaires, assurer la constante exécution des règles destinées à préserver tant et de si grands intérêts; telles sont les conditions que la loi doit remplir pour qu'elle soit véritablement efficace; telles sont aussi les vues qui nous ont constamment dirigé dans l'examen des dispositions du code.

Fixons, en terminant, le résultat de cet examen.

Nécessité reconnue de faire de nombreux changemens dans tout ce qui tient à la partie réglementaire. Dans cette partie, les dispositions du code étant tout-à-fait défectueuses dans leur ensemble, des changemens partiels ne pourraient apporter que de vains palliatifs. C'est une nouvelle organisation de la faillite qu'il faut rendre plus conforme à la nature des affaires commerciales. Le but sera atteint si la loi réunit aux garanties voulues par le code cette précieuse simplicité qui fut le caractère de notre ancienne législation.

L'intérêt du commerce réclame aussi d'autres changemens non moins importans. De crians abus qu'on n'a pas pu encore parvenir à détruire indiquent assez le besoin d'innovations décisives dans quelques dispositions fondamentales de la loi. C'est dans l'organisation des pouvoirs judiciaires qui constituent cette juridiction particulière, c'est dans les règles qui déterminent les effets des actes les plus influens de la faillite qu'on peut espérer de trouver un remède efficace contre un mal invétéré. Cette importante réforme paraît commandée par de puissantes considérations, fondées sur l'intérêt du bon ordre et de la morale du commerce.

Ce qui peut surtout garantir une amélioration réelle

dans cette partie de notre législation commerciale, c'est un caractère particulier qui la distingue des législations qui l'ont précédée. Toutes les lois sur les faillites et les banqueroutes rendues en des temps de désordre dans le commerce ont été des lois de colère; toutes ont été également impuissantes. Il faut donc chercher à établir l'ordre sans moyens violens.

Si la modération doit toujours être la première règle du législateur, ce principe de la sagesse de Montesquieu (1) est plus rigoureusement applicable au régime des faillites et des banqueroutes ; c'est la première condition de son succès : la modération dans la loi opèrera infailliblement cette conviction générale des esprits qui peut seule assurer sa constante exécution.

(1) « Je le dis, et il me semble que je n'ai fait cet ouvrage que « pour le prouver, l'esprit de modération doit être celui du législa- « teur. » *Esprit des lois*, liv. XXIX, chap. I.

FIN.

ERRATA.

Le lecteur est prié de rétablir le texte dans les phrases qui suivent :

Pag. 18, lig. 4, si la position du failli, *lisez :* si la position du débiteur.

Pag. 25, lig. 9, dans le système de cette liquidation, *lisez :* dans le système de cette législation.

Pag. 26, lig. 9, le concordat suppose, *lisez :* le concordat supporte.

Pag. 54, lig. 21, qu'elle lui prouve, *lisez :* qu'elle lui procure.

www.ingramcontent.com/pod-product-compliance
Ingram Content Group UK Ltd.
Pitfield, Milton Keynes, MK11 3LW, UK
UKHW021105290826
14628UKWH00014B/775

9 782014 092691